KB068531

학급경영
관계로 풀어가다

학급경영 관계로 풀어가다

이규배 김은진
김민경 김명지
임다은 박민영
황원규 지음

뚜벅북스

갈등이 없는 학급이 아닌
갈등을 평화롭게 해결하는 학급

교실 위기의 시대,
교실에서
행복 되찾기

학급경영에서 갈등을 잘 해결하는 것보다 중요한 것은 아이를
긍정적으로 바라보는 시선으로 따뜻한 관계를 맺어가는 것입니다.

2024 대구광역시 교육청 책쓰기 프로젝트

마주하는 벽이
문이 되는 순간

겨울이 되면 나무는 가을까지 달려왔던 치열함을 접어던지듯 모든 잎을 내려놓고 찬 서리와 북풍을 마주합니다. 지금까지 달려왔던 잎들이 내려앉은 곳에는 뿌리를 알아가는 생명력이 있습니다. 그곳에는 땅속 깊은 곳에서 전해지는 봄을 향해 가는 새싹의 발돋움이 있습니다. 봄을 품은 겨울나무는 언제나 그렇듯 찬 서리와 북풍, 그리고 거센 눈보라를 따뜻하게 보는 우직함이 있습니다.

교사도 그렇습니다. 현장 속에 있는 교사는 겨울나무입니다.

이 책을 쓰면서 초등교사로서 많은 생각과 감정이 들었습니다. 대한민국에서 초등교사로 살아가는 선생님들은 얼마나 많은 북풍을 마주하고 있을까? 어떻게 이것을 견뎌내고 있을까? 함께할 수 있는 이들은 있을까? 찬 서리를 녹일 만큼 함께함의 따뜻함과 여유는 있을까? 일어날 힘조차 없을 때 어떻게 하고 있을까? 우리의 글이 함께 가는 이들을 일으켜 세우는 디딤돌이 될 수 있을까?

이러한 걱정과 고민은 오히려 이 책의 많은 부분을 건드리게 했고 희망을 품고 써 내려갈 수 있는 원동력이 되었습니다. 이 책을 읽을 저경력 선생님, 학급경영에 어려움을 겪고 있거나 학급에서 즐거움을 찾지 못하고 있는 선생님에게 더 쉬운 말과 방법으로 다가가 교직에 발을 들이며 웃고 있었던 그때를 되찾게 해주고 싶었습니다.

학급경영이 풀기 힘든 복잡한 고리로 되어 있는 듯 보일 때가 있습니다. 하지만 교사로 살아가며 감당하기 힘든 어려움이 닥칠 때에도 꼭 기억해야 할 것이 있습니다. 그것은 바로 나를 일으켜 세워주는 정체성, 아이들이 서로 관계를 맺으며 아이답게 살아가게 하는 자존감과 소속감, 그리고 이러한 목표를 향해 함께 나아가는 꾸준함입니다. 이것만 있어도 행복한 학급경영은 이미 선생님의 발 앞에 와 있을 것입니다. 다른 방법적인 면을 차치하더라도 정체성과 관계 맺기의 꾸준함을 가진다면 선생님은 끝까지 견뎌내며 아이들과 동료 선생님들과 함께 행복을 느끼며 생활할 수 있을 것입니다.

이 책을 쓴 일곱 명의 현직 선생님도 교직 생활을 하면서 셀 수 없는 어려움과 마주치며 시행착오를 겪어왔습니다. 그러면서도 간절히 바라고 원하는 것이 있었습니다. 그것은 아이들과 함께하는 순간의 행복함, 그 행복 안에서 느끼는 교사로서의 존재감, 아이들과 함께할 때 본연으로 돌아가는 순수함, 아이들과 함께함으로써 오는 뿌듯함입니다. 이것은 우리가 교사로 살아가는 원동력이자 존재 이유가 됩니다.

어떤 교사들은 쉽게 이런 말을 내뱉습니다.

"요즘 아이들은 그렇지 않잖아요?", "부모도 못 바꾼 자식을 우리가 어떻게 변화시켜요?", "그렇게 힘들게 에너지를 써서 남는 게 뭐가 있어요?", "우리의 힘듦을 누가 알아주나요?", "선생님은 좋은 학교에 있어서 진짜 힘든 아이들과 부모들을 만나보지 못해서 그래요." 등 교사들마저 이런 차갑고 매정한 현실적 질문 공방을 합니다.

사회가 점점 관계를 단절시키고 서로를 향해 등지게 하고 있습니다. 중심을 잡아줘야 할 부모님들이 흔들리다 보니, 교실에서 보는 아이들은 점점 아이스러움을 잃어가고 있습니다. 상처가 있는 아이들이 교실에서조차 행복함을 느끼지 못하는 것의 안타까움에, 현실의 매서운 북풍에 쓰러져 있는 동료 선생님들을 보며, 일곱 명의 초등교사가 함께 이 책을 출간하게 되었습니다.

이 책에는 부적응하는 아이, 참여하지 못하는 아이, 다문화 아이에 대한 교사들의 경험도 담겨 있습니다. 책을 따라가다 보면 같은 고민을 해결하여 희열을 느낄 때도 있겠지만 분명 또 다른 난관에 부딪힐 겁니다. 이 책의 저자들도 매일 '벽'으로 다가오는 문제들과 마주합니다. 그러나 학급경영을 하면서 '벽'으로 부딪히는 문제가 오히려 '문'이 되는 경험을 할 때가 많습니다.

이 책을 읽는 독자들에게 바라는 것은, 이런 난관인 '벽'을 선물이자 '문'으로 보며 '나에게 좋은 기회가 오려나 보다.'라는 생각으로 학급경영을 시작하자는 것입니다. 무엇보다 이 책이 든든한 버팀목이자 힘들 때 쉴 수 있는 쉼터가 되는 책으로 남길 바랍니다. 혼자서 마주한다면 벽에 갇히겠지만 함께함으로써 벽이 아닌 문이 되는 기적을 열어가길 기대합니다.

명심하십시오. 어떤 학급경영의 달인도 초보자부터 시작한다는 것을요. 그러므로 용기를 내어 시작하십시오. 행동하지 않으면 아무것도 달라지지 않습니다. 아이들을 마주하는 것이 설렘의 날들이 되도록 함께 채워갑시다. 이 책을 읽는 분들이 앞으로 이런 설렘을 다른 동료들에게도 공유하는 꿈을 꿉니다. 교실을 들어서고 나서는 우리의 걸음걸음이 희망에 차길 기대합니다.

차례

3. 소속감, 우리를 이어주다

4. 성찰, 성장을 이끌다

1

학급경영,
첫 발걸음의 시작

자기 혼자 빛나는 별은 없어.

별은 빛을 받아서 반짝이는 거야.

- 영화 〈라디오 스타〉 中 -

학급경영?
무엇이든 맛있으면 먹어요

학급경영은 무엇이라고 생각하나요? 학급경영의 정의를 살펴보면 학교교육목표를 달성하기 위해 학급을 단위로 하는 교육 활동의 계획, 실시, 평가 등 학급 담임의 모든 활동을 말합니다.

원만한 학급 공동체를 만들기 위한 활동에서부터 학생 생활 교육, 학부모 상담, 학교 업무 추진, 교사 연찬 및 교사의 마음 챙김까지 매우 광범위합니다.

그중에 선생님은 어떤 것이 가장 중요하다고 생각하며 힘을 쏟고 있으신가요?

학교 급식을 받고 자리에 앉아 먹고 있는 자신을 생각해 봅시다. 좋아하는 반찬이나 국이 나왔을 때 다른 반찬들에 비해 더 많이 손이 가고 맛을 음미하려고 하지요.

학급경영에서도 비슷합니다. 선생님마다 학급경영의 여러 영역 중에서 더 중요하다고 판단되는 영역에 더 많은 시간을 쏟으며 연구하고 있을 것입니다.

어떤 교사는 전문적인 수업을 위한 교과 연구가 가장 중요하다고 말할 것이고 어떤 교사들은 학급 문화 형성이 가장 중요하다고 말하겠지요.

학급경영에서 무엇이 더 중요한지를 두고 동료 선생님과 중요도를 논하고 서로 논리적인 설득을 해가며 판가름하려고 하실 필요는 없습니다. 왜냐하면 학급경영 안의 모든 요소는 유기적으로 관계를 맺고 있어서 한 가지 영역이라도 고민하며 연구에 집중하는 시간을 가지다 보면 다른 영역들이 실타래처럼 끌려와서 유기적으로 결합하는 것을 경험할 것이기 때문입니다.

★

학급경영?
먹을 때 처음 순서가 있어요

각 영역들의 중요도에 우위가 없다는 것을 이해했다면 다음으로 생각해야 할 것은 학급경영에서 무엇을 먼저 시작해야 할 것인지 정하는 것입니다. 왜냐하면 이 문제에 대한 해답이 학급경영의 성패를 가져오는 핵심 열쇠이기 때문입니다.

우리가 음식을 먹을 때 가장 먼저 하는 것이 무엇인지 생각해 볼까요? 포크든 젓가락이든 음식을 집기 위해 도구를 먼저 듭니다. 학급경영도 숟가락과 젓가락을 드는 것과 같은 시작이 있는데 그것이 바로 관계 맺기입니다.

학급경영의 첫 순서를 **관계 맺기**로 시작해야 하는 이유를 하임 G. 기너트 박사님은 이렇게 말합니다.

"아이들은 젖은 시멘트와 같아서
뭐가 떨어지든 그대로 자국이 남는다." (하임 G. 기너트)

3월에 만난 아이들은 젖은 시멘트의 상태와 같아서 선생님께서 만들어 나가고 싶은 학급의 모습으로 이끌 때 아이들은 그 방향대로 쉽게 동화되며 자국을 남기게 됩니다.

그리고 그 자국들이 굳어지고 나면 한 해 동안 아이들의 마음속에서 지워지지 않는 중심축이 되어 각자의 삶에 영향을 주게 됩니다.

처음의 노력으로 생기는 관계의 자국은 1년 내내 강력한 힘을 발휘합니다.

이렇듯 3월에는 수업을 잠시 내려놓더라도 관계를 맺는 소중한 기회의 시간을 놓치지 않아야 합니다.

학급경영?
어떤 숟가락을 쓸지 고민하지 마세요

매년 학년 말이 되면 올해도 학생 뽑기 운이 없어서 힘들었다고 한탄하며 내년에는 제발 잘 뽑기를 간절히 바라는 선생님들이 있습니다. 1년 동안 지낸 아이들과 헤어지기 아쉬워하는 선생님과 1년 동안 지내보니 내년에는 이런 아이들을 만나지 않기를 바라는 선생님을 아이들은 어떻게 생각하고 있을까요?

말 못 하는 동물도 자기 앞에 서 있는 사람이 자신을 좋아하고 있는지 불편해하고 있는지 바로 알아챕니다.

아이들도 똑같습니다. 논리적인 말과 어휘력은 어른보다 부족할지 모르지만 오감을 사용하는 직관력은 어른보다 빠르고 예리합니다. 아이들은 뽑기 운이 없었다고 생각하는 선생님을 다시 만나지 않기를 바라며 두려워하고 있을지도 모릅니다.

교사라면 어떤 아이를 만나더라도 관계를 맺을 준비가 되어 있어야 합니다. 그 아이가 어떤 환경에 있든, 남들과는 다른 행동을 하든, 어떤 신체 조건을 가졌든 지레 겁을 먹고 거부하지 않는 마음가짐이 필요합니다.

내가 원하는 숟가락의 모습이 아니라고 숟가락을 들지 않겠다고 마음먹는 것처럼 어리석은 일은 없을 것입니다. 나무 수저든 쇠 수저든 플라스틱 수저든 주어진 상황 그대로를 받아들이는 모습이 필요합니다.

▎ 아이들의 관계 맺기

아이들의 관점에서 관계 맺기는 어떤 학급인지를 탐색하기 위해 주변 친구들과 대화하며 상대를 판단할 시간을 가지는 것이며, 이런 시간이 충분히 주어질수록 선생님과 친구들을 신뢰하게 됩니다.

이 사람들과 함께하면 행복해질 것 같다는 확신과 신뢰가 생기면 아이들은 상대방에게 어떻게 비치고 싶다는 목표를 가지게 됩니다. 아이들이 집에서의 모습과 학교에서의 모습이 다른 이유가 여기에 있습니다. 이는 함께 어울리기 위해 자신을 조절하는 관계의 힘이 작동되기 때문입니다.

MBTI로 사람들의 유형을 분석하는 것처럼 모든 사람은 자신의 방식대로 세상을 해석하고 적응해 나갑니다. 'E'의 눈에는 'I'가 살아가는 모습이 여간 답답하지 않을 것이며 'P'의 눈에는 'J'가 살아가는 모습이 쓸데없는 곳에 시간을 소비하고 있는 것처럼 느껴질 것입니다.

교사인 우리는 자신의 방식이 아니라 **아이들을 있는 모습 그대로 바라볼 수 있어야** 합니다. 교사의 관점에서 관계 맺기는 아이들의 고유한 특성을 있는 그대로 보려고 하는 노력의 시간이기 때문입니다. 교사의 스타일에 맞추기 위해 아이들을 끌어당기는 데 시간을 보내기보다 아이 한 명 한 명의 특성을 이해하려고 노력하는 시간을 충분히 가져야 합니다.

아이들이 사는 모습을 관찰하는 시간을 충분히 가지고, 아이들을 있는 그대로 바라보려는 노력을 계속한다면 분명 이전보다 아이들이 훨씬 사랑스럽게 보일 것입니다.

만약 그런 시간을 충분히 가지고 노력했음에도 현재 상황이 마음에 들지 않거나 부정적인 감정이 몰려온다면 선생님 자신을 돌아보는 시간이 필요하다는 신호입니다. 나는 교사로서 아이들에게 어떤 교사로 보이기를 바라는지, 동료 선생님들과 학부모에게 어떻게 평가되기를 바라는지 선생님의 내면을 성찰해 보는 것이 좋겠습니다.

우리 반에서 일어난 문제가 마치 내가 지도를 잘못해서 일어난 문제로 여겨지거나 학부모의 연락이 나를 무시하는 것처럼 느껴질 때, 이 일이 선생님 때문이 아님에도 교사로서 나의 부족한 점이 드러나는 것 같아 고통스럽거나 마음이 힘들 때가 있을 수 있습니다. 이때는 다른 누구보다 선생님 자신과 온전한 관계를 맺기 위해 노력하는 시간을 충분히 가져야 합니다.

받아들임을 위한 교육철학

:: 있는 모습 그대로
   받아들이기 위한 준비

교생선생님께서 교생실습을 오시면 첫날 지도강화 시간에 물어보는 첫 질문이 있습니다.

▎ "선생님은 왜 교사가 되려고 하셨어요?"

준비라도 하고 온 듯 초등학교 때 담임 선생님께서 하신 말씀이 기억에 남아서 어릴 때부터 초등학교 선생님이 꿈이었다고 말하거나 어린 초등학생들을 보고 있으면 가르치고 싶은 마음이 저절로 들었다고 말하는 등 교사가 되려고 한 이유를 매우 또렷하게 말합니다.

그러면 두 번째 질문으로 넘어갑니다.

▌ "선생님은 어떤 교사가 되고 싶나요?"

아마 교육대학교를 들어갈 때 면접 질문으로 예상하고 자나 깨나 준비해서인지 몰라도 교생선생님들의 입에서 되고 싶은 교사상이 줄줄이 나옵니다.

학생들에게 물고기를 잡아주지 않고 물고기 잡는 방법을 알려주는 교사가 되겠다, 디지털 시대에 맞게 AI 학생 맞춤형 수업을 만드는 교사가 되겠다, 교과를 융합하여 지식의 전이를 이끌어 사회에 활용 가능한 살아 있는 지식을 가르치는 교사가 되겠다는 등 매우 훌륭한 답변을 말합니다.

그들의 답에는 공통점이 있습니다. 누구보다 전문적으로 수업을 연구하여 아이들이 스스로 지식을 창출할 수 있도록 돕겠다는 내용입니다.

이제 저는 세 번째 질문으로 넘어갑니다.

▌ "선생님이 준비한 수업을 거부하는 학생이 있으면 어떻게 할 것인가요?"

준비되지 않은 질문이었는지 앞선 질문들보다는 한참을 생각하다 자신감이 떨어진 듯 천천히 대답합니다. 아이에게 무엇이 문제인지 불편한 게 있는지 물어보고 도움이 필요한 부분은 도와가며 해결해 볼 것 같다고 합니다.

그다음 네 번째 질문을 이어갑니다.

> "만약 아이에게 도움을 줘야 하는 문제가
> 가정환경의 문제이면 어떻게 할 것인가요?"

이 부분만큼은 옳고 그름을 확실히 판단할 수 있다고 생각한 부분이었는지 단호한 어조로 말을 이어나갑니다. 부모님에게 요청할 수 있는 부분은 상담해 보겠지만 교사가 가정 문제까지 관여할 수는 없다고 생각한다며 말합니다.

그러면 가정불화를 겪고 있거나 부모님이 부재한 아이들은 자신에게 닥친 문제가 너무 커서 공부를 왜 해야 하는지 학교생활에 왜 적극적으로 참여해야 하는지 동기가 일어나지 않아 수업을 거부하는 문제가 발생할 수 있는데, 그럴 때 교사가 해결할 수 없는 문제이니 내버려둬야 한다는 결론에 이르게 됩니다.

사실 물고기 잡는 방법을 알려주든 AI를 활용하기 위한 디지털 도구를 잘 다루게 하든 사회에 활용 가능한 지식을 창출하도록 하든 그것은 아이들이 교실에서 공부하려고 하는 마음이 있을 때나 가능한 이야기입니다.

이런 경우 교사의 목표는 한 해 동안 학급운영과 수업이 잘 이루어지기 위해 괜찮은 아이들이 한 명이라도 더 많이 적혀 있는 흰색 봉투를 잘 뽑는 것이 됩니다.

다시 네 번째 질문으로 돌아가 보겠습니다.

선생님들께서는 아이들의 모든 문제를 해결해 주는 전문 상담사도 판사도 경찰도 아닙니다. 아이에게 문제가 발생할 때 그 원인이 교사가 해결하기 어려운 상황이라면 교사는 어떻게 해야 할까요?
이런 상황에서는 아이들이 그 문제를 바로 보고 이겨낼 수 있도록 힘을 길러주어야 합니다.

한 예로 핸드폰과 게임에 빠져 있었던 남학생이 있었습니다. 아버지는 직장이 멀어 평소 집에 계시지 않으셨고 어머니는 자녀들을 키우며 일하느라 아이가 어떤 생활을 하고 있는지 관심이 적었습니다.
전 담임 선생님께서는 학년을 올려 보내며 "집에서 관심이 없어 아이가 핸드폰을 하루 종일 하고, 공부에도 재능이 없어 아무리 가르쳐도 이해를 못 하니 성적을 올리겠다는 욕심은 버리고 학교에서 싸움이나 안 일어나게 데리고 있다고 생각하세요."라고 하셨습니다.
아마 동료 선생님으로서 한 해 동안 그 아이로 인해 속상해하며 애끓을까 봐 안타까워 말씀하셨을 겁니다.

3월, 마음을 단단히 먹고 그 아이와의 동행을 시작했지만 역시나 3월 셋째 주부터 매일 우리 교실을 울리는 전화기 속 내용의 주인공은 항상 그 아이와 관련된 일이었습니다.

어떤 날은 중학교에 가서 놀다 문제를 일으켜 그 학교를 아이와 함께 찾아갔고 씩씩거리던 중학생과 생활지도 담당 선생님께 진심으로 사과하고 재발 방지를 약속한 후에야 나오게 되었습니다. 그때 저는 그 아이 때문에 화가 나는 것보다 '왜 이런 일이 이 아이에게 계속 반복되며 일어날까? 분명 이렇게 살고 싶은 것이 인생의 목표는 아닐 텐데….' 하는 안타까움이 더 컸습니다. 그리고 교사로서 이 아이에게 어떤 도움을 줄 수 있을지 많이 고민했습니다.

그러다 내린 결론은 내가 그 아이의 문제 행동의 원인인 가정에서의 불안함을 해결해 줄 수는 없지만 아이의 자존감을 회복할 수 있도록 도움을 주고, 자신의 노력 여하에 따라서 미래의 삶은 지금과는 완전히 다르게 변할 수 있다는 확신을 심어주는 것이었습니다.

놀랍게도 7년 뒤 그 남학생에게서 연락이 왔습니다. 뒤늦게야 어리석었던 자신을 돌아보고 지금과는 다른 모습으로 살고 싶다는 의지가 생겨서 이를 악물고 검정고시를 준비했다고 하였습니다. 사실 다시 연락이 왔을 때 바로 드는 생각은 '큰 사고를 쳤는데 보호자가 없어서 나에게 연락한 건 아닐까?'라고 생각했습니다. 그러나 전혀 다른 내용이었습니다.

몇 년 더 걸리긴 했지만, 전 세계를 다니며 무역을 하고 싶은 꿈을 이루기 위해 열심히 준비하여 서울의 유명 대학 영어영문학과에 진학한 합격 증서를 보내왔습니다. 공부하면서 힘들 때마다 자기를 끝까지 놓지 않고 끈질기게 보호자처럼 붙어 있던 선생님이 생각났다고 하였습니다. "너는 충분히 빛날 수 있는데 어두운 곳으로 묻히려고 하는 것이 안타깝다."라고 했던 말을 정확하게 기억하고 있었고 합격해서 선생님께 자랑하는 상상을 계속했는데 오늘 이렇게 연락하는 자신이 자랑스럽다고 했습니다.

받아들임을 위한 교육철학이란 교사가 가르치기 적절한 아이들을 만나기를 바라는 것이 아닙니다. 교사는 어떤 아이들을 만나더라도 아이들이 자신에게 닥친 문제를 스스로 해결하기 위해 어려움을 딛고 일어날 수 있는 용기와 인내를 가지도록 안내하는 역할을 해야 한다고 생각합니다.

철학이라고 하면 학문적으로 깊고 넓어 감히 건드리지 못하는 학문이라서 내가 갈 길이 아니라고 생각하곤 합니다. 교육철학을 철학가의 삶으로 생각하고 어렵고 거창하게 생각하지 않기를 바랍니다.

반 아이들이 나를 만나 어떻게 변했으면 좋겠다고 생각한 바를 적어보거나 아이들이 앞으로 어떤 모습으로 살아가면 좋겠다고 바라는 모습을 적어보세요.

그것이 바로 선생님의 교육철학이 되는 것입니다.

아이들의 '결핍'을 대하는 자세

누구에게나 결핍은 있다

사람마다 두려워하는 것, 무서워하는 것, 움츠러들게 하는 것이 있습니다. 이처럼 각자에게 견디기 힘든 두려움의 요소들이 있고 이를 '결핍'이라고 할 때, 사람으로 태어나 살아가는 모든 이들 중 '결핍'이 없는 존재가 있을까요?

어떤 사람이 있습니다. 이 사람은 계획하고 노력한 일이 실패로 돌아갈 때도 좌절하지 않습니다. 그는 그런 일이 있을 때마다 어떤 것이 문제였는지 분석하고 다음에 그 실수를 반복하지 않으려고 노력합니다. 배려하는 마음으로 실패의 경험을 공유하며 다른 동료 교사들이 자신처럼 시행착오를 겪지 않도록 도와주고 싶어 합니다. 실패가 있었기에 그다음의 성공은 무엇보다도 짜릿하고 행복하게 느껴집니다. 분명 자신을 믿고 신뢰하며 마음이 단단한 사람인 것처럼 보입니다.

이런 그도 힘들어하는 것이 있습니다. 바로 자신에 대한 비판의 말입니다. 그는 자신을 비판하는 말을 들을 때마다 마음이 바닥을 치며 좌절감에 괴로워합니다. 직접적이 아니라 누가 슬쩍 흘리는 말에도 굉장히 예민하게 반응하며 아무것도 하고 싶어 하지 않는 무기력한 모습으로 동굴 속으로 들어갑니다.

이 사람에게는 누군가의 비판이 자신이 하는 일에 대한 비판이 아니라 자신의 존재를 비판하는 것으로 생각하는 결핍이 있는 것입니다.

이처럼 누구에게나 견디기 힘든 두려움의 요소들이 있고 해결되지 못한 채 자리를 잡으면 결핍으로 남게 됩니다.

근접 발달 영역으로 잘 알려진 학자 비고츠키는 결핍으로 인한 손상학을 연구하고 발표하였습니다.

결핍으로 인해 문제 행동을 하는 아이, 타인과 잘 어울리지 못하는 아이 등은 마음의 어느 한 곳이 손상된 상태이며 교사는 손상 치료에 도움을 줄 수 있다고 하였습니다.

일반적으로 몸의 어느 한 곳을 다쳤을 때, 병원에 가면 의사선생님께서 다친 그 부분만 치료하는 것이 아니라 다친 부분을 포함한 굉장히 광범위한 부분까지 치료를 해주십니다. 비고츠키는 아이의 마음이 손상되었을 때도 그 부분만을 치료하는 건 어려우며 손상된

부분을 포함하는 훨씬 넓은 범위로 치료해야 하는데 그것을 '과보완'
이라고 말합니다.

 또한 아이에게 직접적으로 '과보완'을 해줄 수 있는 존재는 부모님
과 선생님이며, 선생님이 '과보완'하는 방법은 교실 속 관계에서 오는
'뜨거운 감동'이라고 말합니다.

 학급에서의 '뜨거운 감동'은 무엇일까요?
 그것은 서로 협력하는 관계에서 자신을 격려하고 지지해 주는
친구들과 선생님이 보여주는 말과 행동, 태도에서 자신의 존재가
인정받고 있다고 느끼고 자신을 존중해 주는 타인에 대한 고마움
입니다.
 이런 뜨거운 감동이 교실에서 계속해서 일어난다면 아이는 자신
의 결핍을 인정하고 그것을 발판 삼아 또 한 걸음 도전하려는 용기
를 가지게 됩니다.

초등학생! 너희는 누구니?

:: 철이 없는 아이들

'철이 없다.', '철들었다.'라고 표현할 때 말하는 '철'은 밝을 철(哲)이
라는 한자입니다. '철'이 무엇인지 설명하라고 한다면 어른들조차도
명확하게 설명하기 어려울 것입니다.

哲 = 手+斤+口

'철'은 손 수(手)와 도끼 근(斤)과 입 구(口)라는 세 글자가 합쳐진 말로서 입에서 나오려고 하는 말이 옳지 않은 말, 존재의 귀함을 위협하는 말, 진심이 담기지 않은 말일 때는 자신의 힘으로 도끼질 하여 내뱉지 않을 힘을 가지는 것, 바로 사리를 헤아릴 줄 아는 힘, 판단력, 분별력의 힘이라고 할 수 있습니다.

그렇다면 초등학생은 철이 들었을까요? 들지 않았을까요? 8세에서 13세밖에 되지 않은 아이들이 자기가 한 말에 책임을 지고, 옳지 않은 말이 튀어나오려고 할 때 그것을 누르며 조절할 수 있을까요?

철이 없으므로 아이들은 미래 삶을 위한 자기 철학을 가지는 방법을 배우기 위해 초등학교에서 교육받습니다. 이 과정에서 시행착오를 겪는 것은 당연한 이치입니다.

사람들은 아장아장 걸어 다니는 아기들에게는 존댓말을 쓰며 사소한 일에도 격려와 칭찬을 아끼지 않습니다. 그러나 초등학교를 입학하는 순간부터 아이들에게 사회에 최적화된 말이 나오기를 기대하며 교정하기 시작합니다.

교사 역시 'O학년이 아직도 이걸 못하는 거야?' 하며 실망하기도 하고 교사가 지시하는 대로 따르지 않는 것에 대해 그 학생을 문제 학생으로 판단 내리기도 합니다.

초등학생은 작은 어른이 아니라 '철' 들어가는 과도기를 겪고 있는 어린이입니다. 어떤 부분은 덜 자라기도 하고 어떤 부분은 웃자라기도 하며 스스로 자신을 성찰하고 반성하는 시간이 필요합니다. 선생님께서 '철든다.'라는 개념을 인지한다면 교실에서 아이들을 바라보는 마음이 조금 더 편안해질 것입니다.

:: 자기 효능감을 형성해야 하는 시기

유아기 아이들은 부모님이나 할머니, 할아버지에게 칭찬받고 싶어서 재롱을 부리며 사랑을 확인하려고 합니다. 그러다 초등학교에 입학하면서 그런 관심은 현저히 사라지고 자신이 학교에서 얼마나 과제를 잘 수행하여 타인에게 긍정적으로 평가받는지 매우 중요하게 여깁니다. 부모님의 칭찬보다는 교사와 친구들의 칭찬과 격려가 매우 강한 동기부여를 일으키며 자신감을 더욱 높이는 원동력이 됩니다.

따라서 초등학생에게 또래 친구들이나 타인의 존재는 매우 중요하며 사회적인 상호작용을 통해 자신의 성취와 능력을 인정받았다고 생각될 때 자연스럽게 자기에 대한 믿음을 가지게 되고 자존감 또한 높아지게 됩니다. 교사의 격려와 칭찬을 받으면서 자란 아이들이 근면성이 바르게 자리 잡혀 성인까지 이어지는 이유가 여기에 있습니다.

학부모들이 상담에서 "우리 아이 많이 칭찬해 주세요."라고 부탁하는 것도 아이의 성장을 위해 교사의 역할이 누구보다 중요하다는 것을 잘 알고 있기 때문입니다.

'아이가 잘하는 것이 없는데 무슨 칭찬을 하라는 것이냐?'라는 반감이 든다면 '교사 역할의 중요성을 알고 있구나. 그래서 부탁하는 거구나.' 정도로 생각해 보면 어떨까요? 그런 마음으로 대한다면 선생님의 마음이 한결 가벼워질 것입니다.

2

자존감,
나를 바로 세우다

자존감이 높은 사람은 성장과 개선에 초점을 두고

자존감이 낮은 사람은 실수하지 않는 데 중점을 둔다.

나의 선택을 믿는 힘
- 자존감이 중요한 이유

　연구에 따르면 자존감이 높은 아이들이 한 과제를 오래 지속할 수 있는 힘이 있다고 합니다.[1] 하지만 자존감이 높다고 힘든 일을 겪을 때마다 극복할 수 있는 것도 아니고, 자존감이 낮다고 힘든 일을 마주했을 때 바닥까지 무너지는 것도 아닙니다.

　자존감이 높으면 현재를 더 행복하다고 느낄까요? 앞으로 행복해질 기회가 많아지는 것은 분명하지만 자존감이 높다는 이유만으로 현재를 행복하다고 생각하지는 않습니다.

　그럼에도 왜 자존감을 높여야 한다고 하는 걸까요?

. . . .

1　　김경아, 「심리적 위협 상황에서 자존감안정성양상과 조절초점의 부합에 따른 개인의 과제 수행」, 성균관대학교, 2012.

:: 자존감은 마음먹은 대로
행동할 수 있게 하는 힘입니다

자존감의 기본 바탕은 자기 확신입니다. 자신이 타인이나 사회에 분명 쓸모 있는 사람이라고 생각하는 것은 자기 가치에 대한 확신입니다. 자신의 가치를 높게 평가하고 자신을 신뢰하는 마음을 가진 사람들은 현재가 고되고 힘들지라도 앞으로 어떻게 행동해야 하는지 분명하게 알고 있습니다. 아이들의 자존감이 바로 서야 하는 이유가 여기에 있습니다.

학교는 개성이 다양한 아이들이 모여 함께 생활하는 공간이기 때문에 친구들 간의 갈등이 많이 발생하며 갈등에 대처하는 모습도 다양합니다.

이때, 갈등이 원만하게 해결될 것이라는 긍정적 마음으로 갈등 상황에 직접적으로 부딪혀 보는 실천적 행동은 자존감이 바로 서 있을 때만 나오게 됩니다. 왜냐하면 자기 확신이 있는 아이들은 자신이 생각한 바를 실천하는 데 거침이 없으므로 잠시 두려움이 생기더라도 하고자 하는 목적을 위해서 용기를 가지게 됩니다.

이런 장면은 교실에서도 볼 수 있습니다. 평소 자기주장을 내세우지 않고 조용한 듯 보이는 아이가 어떤 상황에서는 굉장히 단호하게 말하고 대처하는 것을 볼 수 있을 것입니다. 그 아이는 자신이 옳다고 생각하는 가치가 심각히 훼손되었다고 판단되었을 때

옳음을 위해 용기 내어 맞선 것이며 이를 통해 자기 확신이 바로 선 아이임을 알 수 있습니다.

:: 자존감은 호감 있는 아이로 만들어 줍니다

자존감이 높은 아이는 타인의 가치도 귀하게 여겨 상대를 존중하는 태도가 몸에 배어 있습니다. 그러다 보니 다른 친구들도 호감을 가지고 함께 있고 싶어 합니다.

자신이 못하고 있는 것을 속상해하고 자신보다 더 잘하는 친구들이 많다며 자신을 낮추어 생각하는 아이들은 상대방의 잘잘못을 누구보다 더 먼저 찾으려 하고 드러내기를 바라기 때문에 친구들에게도 소외되는 경우가 많습니다.

:: 자존감은 '누구'보다가 아니라 '나' 자신이 목표가 됩니다

경쟁사회를 살고 있는 우리들은 집단에서 선택받아야만 기회를 얻게 되고, 다른 사람보다 더 낫다고 평가받았을 때만 자신이 되고 싶은 목표에 한 발 더 다가선다고 생각합니다.

더 낮다는 평가의 기준은 항상 고정된 것일까요?

한 치 앞을 모르게 유행은 빠르게 변합니다. 어떤 해에는 동그라미의 모습이 아름다워 보인다고 했다가 어떤 해에는 네모의 모습이 아름답다고 평가됩니다. 이처럼 시시각각 변하는 기준에 자신을 대입시켜 좋은 평가를 받기를 원하는 삶을 산다면 다른 사람의 기준에 따라 나의 인생이 춤추듯 이리저리 움직이며 혼란스러울 수밖에 없습니다.

나의 삶을 살아가기 위해서는 '나' 자신이 목표가 되어야 합니다. 아이들도 친구의 성장과 관계없이 오롯이 '나'의 모습을 볼 수 있어야 하며 자존감은 '나'가 될 수 있도록 단단한 주춧돌로서 흔들리지 않게 합니다.

:: 자존감은 불안한 일상에서 편안함을 만들어 줍니다

사람들은 기쁜 일이 있을 때 이 기쁨이 오래가지 않을까 불안해하고, 힘든 일이 있을 때 이 힘듦이 끝나지 않고 오래갈까 봐 불안해합니다.

공부를 잘하는 아이를 둔 어머니는 아이가 고3 때까지 방황하지 않고 끝까지 완주하기를 바라며 불안해하고, 공부를 잘하지 못하는 아이를 둔 어머니는 험난한 세상에 아이가 무엇을 하며 살아가게 될지 막막해하며 불안해합니다.

이처럼 불안은 새로운 일을 시작할 때도, 한참 일이 진행되고 있는 상황에서도, 오랜 기간의 일이 마무리되는 상황에서도 존재합니다. 아이들도 물론 불안감을 느끼며 살아갑니다.

아이들은 언제 불안감을 느낄까요?

선생님이 심부름시킬 때 '내가 잘 이해하고 실행하는 거겠지?', 모둠 과제가 주어질 때 '내가 이 모둠의 애들과 잘해낼 수 있을까? 만약 다투게 되면 어떻게 해야 하지?', 발표해야 하는 상황이 있을 때 '실수하지 않고 제시간에 마칠 수 있을까?', 학부모 공개수업을 할 때 '우리 엄마가 자랑스럽게 생각하도록 잘할 수 있을까?' 등 아이들도 수시로 불안감을 느낍니다.

하지만 자존감이 높은 아이들은 이런 불안감 속에서도 자신이 맡은 일, 해야 할 일에 최선을 다하며, 적당한 불안감은 일을 추진하게 만드는 힘이라고 여깁니다.

불안할 때도 묵묵히 자신을 믿고 그 길을 걸어나가게 하는 힘이 바로 자존감입니다.

학급경영, 관계로 풀어가다

⭐
교사로서 바로 서기

'나'는 어떤 사람인가요?

여러분은 자신이 상대방에게 어떻게 보일지 신경을 쓴 적이 있나요? 그런 모습으로 살아가다가 좌절감을 느끼거나 후회를 해본 경험이 있나요? 그런 적이 있었다면 그것을 어떻게 해결하려고 했나요?

내가 잘 보이고 싶은 사람의 기준에 따르지 못한 것 같아 자주 좌절감을 느끼고 그들에게 낮게 평가될 것이 두려워 자신의 소신대로 선택하는 것을 포기하게 된다면 이 문제를 해결하는 방법은 한 가지밖에 없습니다.

어떤 방법을 쓰더라도 그들의 기준에 맞는 사람이 되는 것입니다. 옳고 그름의 판단 주체가 내가 되는 것이 아니라 타인이 된다면 상대가 누구냐에 따라 내 행동은 달라질 수밖에 없습니다. 몇 년 전까지는 옳다고 실천했던 행동이 지금은 실천할 필요가 없는 행동이 되어버리고 그동안 열심히 지켜온 규칙이나 행동이 지키지 않아도 문제가 없는 행동이 되기도 합니다. 이렇게 세상을 살아가는 사람들에게는 삶의 주체가 내가 아니기에 미래를 설계하며 설레는 경험을 가지기 어렵습니다. 누구를 만나도 지치고 피곤하며 세상은 나를 힘들게 하는 고난과 역경만이 있을 뿐이라는 생각에 빠지기 십상입니다.

삶의 주체가 바뀌지 않으면 마음과 생각이 시시때때로 바뀌는 나를 신뢰하지 못하며 자신과 관계 맺는 상대방도 자신과 비슷하다고 판단하기에 믿지 못하게 됩니다.

반면에 내가 옳다고 판단하여 선택한 결과가 오히려 힘든 상황을 만들었다고 가정해 봅시다. 처음에는 그런 선택을 한 자신에 대한 실망과 나로 인해 어려움을 겪게 된 상대에 대한 자책으로 행동과 생각이 멈춥니다. 그러나 시간이 지남에 따라 이 문제를 해결할 수 있는 사람은 바로 '나'인 것을 알게 됩니다. 무엇이 문제였는지, 이런 일이 왜 일어나게 되었는지 성찰하고 나를 바로 보려는 노력으로 잘못된 부분에 대해서는 다음에는 반복하지 않을 것을 자신과 약속하게 됩니다. 내 삶은 내가 만들어 갈 수 있다는 믿음이 생기면 나를 믿게 되고 나와 함께 나아가는 상대도 신뢰하게 됩니다.

자신에게 한번 물어보십시오.

'내가 나를 인정하는 것과 남에게 인정받는 것 중 더 가치 있고 우위에 있는 것은 무엇인지를….'

이는 자신을 존중하는 마음, '자존감'과 연결 지을 수 있습니다.

자존감이 낮은 사람은 나에 대한 상대의 평가를 기준으로 행동을 결정합니다. 그렇기에 일관적인 태도를 가지기 어렵고 대인 관계를 형성하는 데도 많은 어려움을 겪습니다.

반면 자존감이 높은 사람은 나를 소중히 여기고 나의 가치를 인정하는 것처럼 상대도 소중히 여기고 상대의 가치도 인정하는 태도를 가지고 있습니다. 자신을 존중하기 때문에 나의 문제를 외면하기보다는 문제를 인정하고 개선하려 하며 타인의 비난에 크게 흔들리지 않습니다.

교사는 관계 속에서 살아가는 사람으로 누구보다도 내가 바로 서야 하는 존재입니다. 나를 온전히 바라보려고 노력하며 '나는 어떤 삶을 살아왔고 어떻게 살아가고 있는지'에 대해 성찰할 줄 알아야 합니다.

교사인 내가 바로 서며 나의 가치를 인정하고 자신을 존중할 때, 나를 만나는 아이들을 믿을 수 있고 동료 교사를 신뢰할 수 있습니다.

바로 서기 위한 마음습관

▌ 지금 고민이나 생각을 접고 내 몸으로 관심을 돌립니다

단 몇 분이라도 머리끝에서 발끝까지 차근차근 느껴보며 가슴이 답답한지, 다리가 저린지, 눈이 뻐근한지, 내 몸에서 어떤 일이 일어나고 있는지 가만히 확인해 봅니다.

▌ 나와 마음 사이에 거리를 둡니다

무언가를 바라볼 때 사물에 눈을 바짝 갖다 대고 보면 초점이 맞지 않아 흐릿하게 보이고 어지럽기까지 합니다. 그러나 적당히 거리를 두고 보면 정확한 초점이 맞춰지며 제대로 볼 수가 있습니다.

마음과 나 사이에 거리를 두는 것도 마찬가지입니다. 부정적인 감정이 생길 때 곧바로 말로 불만을 뱉어내거나 감정적인 행동을 하지 않고 먼저 나와 마음 사이에 거리를 둔다는 마음을 가져봅니다.

▌ 평가하지 않고 상황 그 자체를 바라봅니다

꽃이 핀 들판을 바라볼 때 '저기 있는 빨간 꽃이 키가 더 컸으면 좋겠어.', '저 흰나비가 파란색이었다면 더 예뻤겠군.' 하며 보지 않습니다.

'내가 겪고 있는 상황을 바라볼 때도 그때 나는 이랬어야 했어.', '다시 그 상황으로 돌아간다면 일찍 일어났을 텐데…'라며 그 행동을 후회하거나 그런 선택을 한 나를 평가하지 않고, 일어난 상황 그 자체를 바라보도록 연습합니다.

'두려움'을 '설렘'으로 받아들이기

선생님, 저는 교사가 맞지 않는 것 같아요. 벌써 5년 차인데 아이들 다루기도 어렵고 업무처리도 쉽지 않아 교사로서 부족한 점이 너무 많아요.

많은 선생님이 학급경영을 할 때, 힘들어하며 부족함을 느낍니다. 선생님들이 스스로 부족함을 느끼는 이유는 우리가 이제껏 겪어보지 못한 너무나 다양한 상황의 문제가 주어지기 때문이지요. 새로운 상황에 대처하는 것은 누구에게나 쉽지 않습니다.

반에서 문제 행동을 하는 아이들을 1년 내내 상담하고 지도했는데도 변하지 않는 것을 보며 '나의 교육 방법이 문제인가?'라는 생각이 들었습니다. 이럴 땐 어떻게 해야 하나요?

아이들이 어떻게 변화되기를 바라는 마음으로 목표를 가지고 교육하신다면 정말 잘하고 계시는 거예요. 바로 변화하기를 바라는 선생님 마음도 충분히 이해되지만, 변화를 확인해야겠다는 마음은 잠시 접어두세요. 1년 안에 아이들이 변하지 않는다고 해서 아이들이 변화하지 않는 상태가 아니에요.

학급경영을 잘하기 위해 무엇부터 시작해야 하는지 알고 싶어요.

학급경영에서 더 중요하다고 생각하는 것은 각자 다를 수 있지만 놓치면 안 되는 '무엇'은 분명히 있습니다. 그것은 선생님의 교육철학과 가치관을 세우는 것으로부터 시작됩니다.

어떤 교사가 될 것인가?

　미국의 아동 심리학자 바움린드는 자녀를 향한 대화(통제)와 애정의 수준에 따라 양육 태도를 4가지로 분류했는데요. 이를 교사에게 적용한다면 아래의 4가지 유형의 교사로 분류할 수 있습니다.

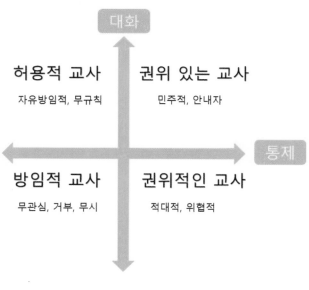

〈Baumrind 교사의 유형〉

허용적 교사

학생에게 가까이 다가가기를 바라며 도움을 주고 무엇이든 해주고 싶어 합니다. 규칙 준수에 엄격한 편이 아니며 문제 상황에 어떻게 대처해야 할지 몰라서 무시하기도 하고 알면서도 그냥 지나가기를 바라며 기다리기도 합니다.

권위 있는 교사

친절하며 학생과의 관계가 협조적입니다. 문제 상황에 진지하게 반응하고 옳지 않다고 판단할 때는 매우 단호한 태도를 보이며 일관되게 대처합니다.

방임적 교사

학생들의 생활을 지켜만 봅니다. 도움이 필요한 상황일지라도 문제 상황에 개입하지 않고 문제를 일으킨 당사자 간에 해결하도록 내버려둡니다.

권위적인 교사

학생들을 교사의 기준에 따라 엄하게 다루고 규칙 준수를 매우 중시합니다. 학생들이 사적으로 다가오는 것을 꺼리며 위계 관계가 확실한 공동체를 위해 지시적인 언어를 사용합니다.

선생님은 어떤 교사가 되고 싶으신가요?
지난 한 해를 성찰하며 올해의 나는 어떤 교사로 살 것인지에 대한 방향을 세워봅시다.

√ 나는 어떤 유형의 교사인가요?

√ 학급경영에서 어떤 점이 잘 되었던 것 같나요?

(어떤 점으로 인해 힘들었나요?)

√ 학급에 문제가 생겼을 때 어떻게 대처했나요?

√ 학생이 불평을 말할 때 어떻게 말하시는 편인가요?

√ 앞으로 어떤 교사로 살아가고 싶은가요?

√ 선생님의 교육철학은 무엇인가요?

아이의 자존감을 높이는
교실 속 실천

아침 글인사로 마음을 열다

인연을 맺고 오래 만나고 싶은 사람들에게는 만날수록 좋아진다는 공통점이 있습니다.

설렘, 긴장, 두려움, 낯섦 등 다양한 감정이 공존하는 3월, 긍정적인 감정으로 이끌고 만날수록 좋아지는 관계를 만들어 가도록 따뜻한 마음을 글에 담아 전해봅시다.

칠판에 담긴 아침 글인사는 자신이 소중한 존재로 여겨지게 하며 서로의 마음을 열게 합니다.

, 너, 우리
마음의 문을 열고
이 곳에서
와 너, 우리의 꿈을 새롭게 펼쳐봐요.

지금부터
우리 함께 걸어요.

우리의 시작을 열렬히 환영합니다.

♡행복♡

어제 거기가 아니고
내일 저기도 아니고
다만 오늘 여기,
그리고 당신 ☺♡

- 나태주 「한들한들」 중

오늘도 수고했어요 ⌣
귀여운 5학년 2반을
만나서 행복해 ♡

실수해도 되고
서툴러도 된다
못해도 되고 잘하지
않아도 된다
보석에 흠이 묻었다고
가치가
떨어지는 것은
아니니까

성로송 '아프지 않았으면 좋겠어' 중에서

향기롭고 따뜻해서
봄이 온줄 알았는데.
너희가 온거 였구나!
만나서 반가워 ☺

아침 말인사로 다가오다

▎ 아이가 교실로 들어오면 눈을 마주치며 인사를 건넵니다

"○○아! 등교하는 길에 춥진 않았니? 오늘따라 더 밝게 웃어주니 선생님 마음도 밝아진다."
"○○아! 머리카락 잘랐구나. 선생님이 단발머리 정말 좋아하는데 방학 때 선생님도 ○○이처럼 머리카락 잘라봐야겠다."

▎ 어제 있었던 일을 기억하고 말해줍니다

"○○아! 어제 속이 좀 안 좋다고 급식도 많이 남겼는데 오늘은 좀 괜찮니?"
"○○아! 어제 체육 시간에 무릎이 아프다고 했는데 병원은 갔다 왔어?"
"어제 학원숙제를 안 해서 엄마에게 혼난다고 걱정하더니 어떻게 되었어?"

▎ 선생님의 일상 이야기로 대화를 시작합니다

"선생님이 오늘 늦게 일어나는 바람에 아침도 못 먹었어. ○○이는 먹고 왔어?"
"어제 밤늦게까지 야구 경기를 봤는데 응원하는 팀이 져서 속상했는데 오늘 우리 반 친구들을 보니 신기하게 기분이 좋아지네."

아침 시간, 컴퓨터 앞에 계속 앉아 있거나 이리저리 바쁘게 다니는 모습보다 여유 있게 아이들을 지켜보는 모습으로 다가가서 아이들이 안정감을 가지고 하루를 시작할 수 있도록 합니다.

발표를 어려워하는 아이,
이렇게 지도해요

틀리면 어쩌지?

쉬는 시간에 그토록 활발하던 아이가 수업 시간이 되면 '선생님, 제발 저를 바라보지 마세요!' 혹은 '저에게 질문하지 마세요.'라는 눈빛을 보내며 숨고 싶어 하는 것은 무슨 이유 때문일까요?

이런 아이는 일상을 이야기하는 구어 구사 능력은 좋으나, 생각을 요약해서 이야기하는 것을 어려워하는 경우가 많습니다. 어쩌면 발표에 대한 부정적인 경험(틀린 대답을 하여 크게 부끄러움을 겪은 경험 등) 때문일 가능성이 높은데요. 이런 아이에게 발표를 권유하는 것은 오히려 아이를 움츠러들게 하여 생각을 말할 기회조차 얻지 못하게 할 수도 있습니다. 그러므로 발표하는 횟수를 늘리는 데 초점을 맞추기보다 허용적인 수업 분위기 속에서 배우는 자세와 태도의 중요성을 강조하고 아이가 발표했을 때, 그 아이의 말을 교사가 한 번 더 반복해서 말하며 긍정적인 피드백을 해준다면 아이는 발표에 대한 성공감뿐 아니라 자신을 믿는 자존감도 높아질 것입니다.

- ☑ 틀려도 괜찮아! 틀린 만큼 성장할 수 있다는 뜻이야!
- ☑ 우리 소은이는 이렇게 생각할 수도 있겠구나!
- ☑ 오늘 다정이의 용기에 선생님이 정말 감동했어.
- ☑ 말하기 힘들면 먼저 종이에 적어서 보여줄 수 있겠니?

일상 대화로 자존감을 깨우다

작은 행동도 놓치지 않고 칭찬하고 아낌없이 격려합니다

> "이렇게 무엇이든 끝까지 하려는 우리 반 아이들을 보면 선생님이 얼마나 행복한지 몰라."
>
> "밥을 빨리 먹고 싶었을 텐데 다리 아픈 친구의 급식도 챙겨주는 ○○이가 더 멋져 보이네."
>
> "와! 이렇게 연필을 예쁘게 깎아놓고 수업 준비를 하고 있었구나!"
>
> "선생님이 부탁하는 말을 기억하고 수업 준비를 해놓았구나."

공감적 경청을 합니다

공감적 경청은 아이의 생각과 감정을 존중하며 상대의 마음을 이해하는 방법으로 아이의 자존감을 키워주고 교사와 좋은 관계를 맺게 합니다.

아이가 할 말이 있는 듯 다가올 때는 하던 일을 멈춥니다

교사가 바로 처리해야 하는 일이 있거나 전화를 받는 상황이었다면 아이에게 잠시 기다릴 수 있는지 물어보고 일을 다시 하는 것이 아이가 존중받고 있다는 느낌이 들게 합니다.

아이에겐 교사에게 가지고 온 그 문제가 가장 중요한 문제이므로 교사의 기준으로 '중요하지 않은 문제'라고 판단하여 별것 아니라는 말을 하지 않아야 합니다.

"표정이 좋아 보이지 않는구나. 무슨 일이 있었니?"
"여기서 말하는 게 불편하면 조용한 곳에 가서 이야기할까?"
"선생님이 지금 하는 일을 빨리 처리해야 해서 괜찮으면 다음 쉬는 시간
에 들어도 될까?"

▌ 아이의 감정을 이해한다는 내용을 담으며 말합니다

"그런 일이 있어서 놀랐겠구나!"
"그런 일이 있을 때 네 마음이 어땠니?"
"그런 일 때문에 ○○이가 매우 서운했구나."
"해결이 되지 않아 걱정을 많이 했구나."
"그래서 기분 나빠하고 있구나."

교사가 그 감정에 전적으로 동의하지 않더라도 아이가 느끼는
감정을 그대로 읽어줍니다. 아이가 느끼는 감정에 이름을 붙여주
면 감정을 명확하게 인식할 수 있습니다.

▌ 문제 행동을 한 아이와의 대화에서 판단 없이 질문합니다

> ☒ 왜 친구의 마음을 상하게 했니? (판단)
> ☑ 왜 친구의 어깨를 치게 된 거니?
> ☒ 왜 친구의 책상을 더럽게 했니? (판단)
> ☑ 왜 친구의 책상에 네 지우개 가루를 올려뒀니?

　격려는 긍정적인 자극을 주어 아이가 성장하려고 노력하는 마음이 들게 하는 말입니다. 교사에게 격려의 말을 들었을 때 아이는 인정받고 있다는 생각이 들어 교사를 더 따르고 신뢰하게 됩니다. 그 과정에서 아이의 자존감도 높아지며 더 나은 '나'로 성장하기 위한 밑거름이 됩니다. 결과에 초점을 둘 경우 결과가 좋지 않으면 아이는 노력에 상관없이 좌절하고 낙담합니다. 열심히 노력하는 모습, 과정에 초점을 둔 격려를 통해 아이가 실패를 딛고 성장할 수 있도록 해야 합니다. "잘했네.", "멋지다."와 같은 '결과'보다는 '노력의 과정'을 칭찬할 때 아이는 성장합니다.

　객관적인 관찰을 토대로 아이의 행동을 관찰하여 구체적으로 칭찬하거나 격려해 줍니다.

　"줄넘기할 때 포기하지 않고 몇 번이고 다시 도전하는 너의 모습이 멋졌어."

▌ 대화에서 비언어적인 요소로도 표현합니다

　아이가 어떤 일을 열심히 하고 있다면 결과나 평가의 의미를 담은 "잘했어!"라는 말보다는 눈을 마주치고 웃어주거나 토닥여 주세요. 자신의 노력을 누군가가 지켜보고 알아봐 준다는 사실 자체만으로도 힘이 됩니다. 따뜻한 눈빛과 다정한 손길로 격려할 수 있습니다.

　자신의 기대만큼 잘되지 않을 때 자존감이 낮은 아이는 결과에 초점을 두어 실망하고 좌절하는 경향이 있습니다.

뾰족뾰족 마음 가시를 세우는 아이,
이렇게 지도해요!

왜 나만 가지고 그래요?

교사의 지시에 불응하며 교사의 제안에 대부분 "왜요?"라는 대답으로 교사의 뒷목을 잡게 하는 유형입니다. 이러한 아이는 내면의 불안감이 높고 자존감이 낮으며, 어른의 지도 방법에 대한 부정적인 경험으로 적대감이 높을 가능성이 있습니다.

물론 자기 잘못을 반성하는 기회도 중요하지만 이런 아이일수록 행동을 꾸짖는 지도에 앞서 아이가 자신을 더 아끼고 사랑할 수 있도록 도와주는 자존감 교육이 필요합니다. 자존감이 높아져야 '나'를 진정으로 사랑할 줄 알고, 다른 사람의 마음도 들여다볼 여유가 생기기 때문입니다.

아이가 긍정적인 행동을 할 수 있도록 기회를 주고 행동에 대한 구체적인 **칭찬**(예: 용용이가 교실에 떨어진 휴지를 주운 덕분에 우리 반이 더욱 깨끗해지고 쾌적해졌어! 고마워!)을 하여 자기 행동이 미친 긍정적인 결과를 인식하게 합니다.

이와 같은 긍정적인 경험은 아이의 자존감 형성에 도움을 줍니다.

이렇게 다가가요

☑ 우빈이가 교실에 떨어진 휴지를 주운 덕분에 우리 반이 더욱 깨끗해지고 쾌적해졌어! 고마워!

☑ 선생님은 도윤이가 조금 더 자신을 사랑하는 사람이 되었으면 좋겠어. 너는 그럴만한 가치가 있는 귀한 사람이거든!

자존감을 채우는 책상 닦기

아이들이 교실에서 시간을 가장 많이 보내는 공간은 바로 책상입니다. 책상은 알게 모르게 하루를 펼쳐나가는 자신과의 만남의 장소입니다.

교실 속 아이를 묵묵히 받아내고 있는 곳, 내가 외면한다고 해도 매일 마주하게 되는 곳.

자세히 살펴보면 부적응하고 자존감이 무너진 아이들의 책상은 대부분 지저분하고 어질러져 있다는 것을 아시나요?

자신의 가치를 스스로 인정하고 존중하는 것은 자존감 세우기의 출발점입니다.

자신의 주변이 깨끗하다면 일단 마음이 밝아집니다. 밝은 것을 자주 보는 아이는 밝은 생각을 하게 됩니다. 자존감을 쉽게 얘기하자면 '나도 좋은 사람이구나.'라고 생각한다는 것인데, 책상 닦기는 아이가 스스로 '나도 좋은 사람일 수 있겠다.'라는 생각을 갖게 합니다. 아이의 마음으로부터 출발해서 교사와 친구들에게 존중받는다는 느낌을 서서히 스며들게 하여 아이를 변화시키는 촉진제와 같은 활동입니다.

:: **자존감 회복에 도움을 주는 책상 닦기**
  어떻게 시작하면 좋을까요?

▌ 먼저, 1인 1역에 교사의 이름도 함께 넣습니다

이 일은 어려운 결단이자 학급경영에 있어 큰 각오입니다. 우리는 권위 있는 교사이기도 하지만 함께 학급을 이뤄나가는 주체자이자 시범자, 조력자라는 사실도 인식해야 합니다.

"오늘 선생님은 여러분과 함께 역할 분담표를 만들어 보려고 합니다. 선생님도 열심히 노력할 테니까, 여러분도 자기가 맡은 일에 최선을 다하길 바랍니다."

역할 분담표가 특별할 필요는 없습니다. 선생님들이 쓰는 역할 분담표에 선생님 칸을 넣기만 하면 됩니다. 3월 첫 주는 다 같이 역할을 하는 시간을 갖고 선생님도 직접 같이하며 칭찬과 격려를 하는 것이 좋습니다.

▌ 고무장갑을 끼고, 아침 시간에 하는 것이 좋습니다

고무장갑을 끼는 것과 걸레질을 하는 것은 교사가 아이들에게 수직적인 관계만은 아니라는 생각을 심어줍니다.

대부분 아침 시간은 조용히 자습 활동이나 독서 활동을 할 때가 많습니다. "선생님 시간이 아침밖에 나지 않아 아침 활동 중에 선생님 역할을 해도 되니?"라고 먼저 양해를 구하고 깨끗하게 빨아 놓은 걸레로 아이들의 책상을 닦습니다. 그리고 한 명씩 속삭이듯 관찰했던 한마디 말을 정성스럽게 하면 됩니다.

"어제 용기 내서 발표해 줘서 고마워. 오늘도 행복하게 지내거라."

이런 작은 일들이 모여 별것 아닌 말들이 아이들에게 **별것으로 자존감을 채워주는 밑거름이 되어갑니다.**

저마다의 강점 발견하기

　같은 반이 된 친구들은 아이들이 선택한 관계가 아니라 아이에게 '주어진' 친구들입니다. 그렇다면 이런 관계에서 아이들이 선택할 수 있는 것은 없을까요? 만남은 내 의지가 아니었지만, 친구들과 얼마나 따뜻한 관계를 맺으며 지낼 것인지는 자신의 선택에 달려 있습니다.

　그렇다면 따뜻한 관계를 맺기 위해 어떻게 해야 할까요? 그것은 아이들이 개개인에게 관심을 가지고 자세히 살펴보며 저마다의 개성을 찾으려고 노력하는 일입니다.

::　1. 이 친구를 찾아라!

• 활동지를 받고 질문에 해당하는 친구를 찾아서 이름과 사인을 받아 오세요. 질문 하나에 한 명의 사인만 받아 오세요.

　　예)　■ 나보다 머리카락이 더 긴 친구는 누구인가요?

　　　　　■ 나보다 발 크기가 큰 친구는 누구인가요?

　　　　　■ 가족이 네 명인 친구는 누구인가요?

　　　　　■ 시간 약속을 잘 지키는 친구는 누구인가요?

　　　　　■ 보라색을 좋아하는 친구는 누구인가요?

　　　　　■ 친구의 말을 잘 들어주는 친구는 누구인가요?

:: 2. 나와 닮은꼴 친구 찾기

• 먼저 16개의 질문에 대한 자기 생각을 씁니다.

> 예) ■ 내가 좋아하는 색깔은 (,)이다.
>
> ■ 내가 좋아하는 과목은 (,)이다.
>
> ■ 내가 가장 가지고 싶은 것은 ( )이다.
>
> ■ 나의 좋은 점은 ( )이다.
>
> ■ 나에게 100만 원이 생긴다면 ( )을 할 것이다.

• 나와 공통점이 있는 친구를 찾아 이름을 씁니다.

:: 3. 아름다움 박람회

'아름다움'의 기준은 시대마다 살고 있는 사람들에 의해 가치가 정해지는 경향이 있습니다. 매체의 영향을 많이 받는 아이들은 타인이 평가하는 외적인 '아름다움'의 기준에 맞추려고 노력합니다. 그것은 사람은 누구나 남들에게 인정받고 싶은 본능적인 욕구가 있기 때문입니다.

대중적인 인기를 얻는 연예인이 아름다움의 기준이라고 생각하는 아이는 자신을 아름답다고 생각하지 않고 한없이 모자라다고 생각합니다. 자신이 모자라다는 생각은 정상적인 관계를 맺지 못하게 만들기 때문에 아이들이 자신을 아름답다고 생각할 수 있도록 '아름다움'의 기준을 바로 세울 필요가 있습니다.

'아름다움'에 대한 기준이 바로 설 때 아이의 자존감도 함께 바로 설 수 있습니다.

우리말의 '아름답다'는 '나답다'의 어원을 지니고 있습니다.

아름다움이 '나다움'이라면 아름다움에 대한 기준은 시대에 따라 변하는 가치가 아니라 변하지 않는 살아 있는 모든 것을 귀하게 여기는 '존재에 대한 가치'가 됩니다.

누구에게나 특별한 강점이 분명히 있습니다. 강점이 없다고 생각하는 아이는 아직 자신의 강점을 찾지 못했을 뿐입니다.

그 아이를 특징지을 수 있는 강점을 찾아주어 자신감을 높여주고 남들에게는 있지만 자신에게는 부족한 부분은 따뜻한 협력 관계 속에서 배움으로 충분히 보완해 나갈 수 있습니다.

그런 과정을 거친 아이들은 자신이 가지고 있는 모습에 감사할 줄 알고 부족한 점에 대해서는 스스로 격려하며 어제보다 나은 나를 만들기 위해 끊임없이 도전합니다.

내가 가진 강점이 누구보다 아름답다고 생각하는 아이는 타인의 아름다움을 충분히 인정해 주는 마음의 여유를 가집니다. 이렇듯 우리 모두 귀하다는 것을 이해하게 되면 자신과 친구들을 있는 그대로 받아들이게 됩니다.

☺교사가 가져야 하는 예쁜 아이 기준 없애기

학급 아이들 중에서 융통성이 있고 성격이 좋아 보이는 아이, 자기 일을 묻지 않고 알아서 하는 아이, 자기중심적이고 이기적인 아이, 말이 많아서 시끄러운 아이, 이해가 느려 답답한 아이가 있다고 생각한다면 담임교사의 성향에 맞는 아이, 맞지 않은 아이는 아닌지 생각해 볼 필요가 있습니다.

- 자신의 아름다움을 찾아봅니다.
- 나만의 아름다움을 적어보고 포스트잇에 똑같이 적어 그 위에 붙여줍니다.
- 친구에게 나의 아름다움을 소개합니다.
- 서로 교환하고 싶은 아름다움을 교환합니다.

○○: 나의 아름다움은 친구들과 사이좋게 지내는 것이야.
△△: 나도 너처럼 친구들과 사이좋게 지내는 모습을 닮고 싶어.

※ 포스트잇을 떼어 가도 글씨가 남아 있도록 합니다.

친구에게 자신의 아름다움을 나누어 주어도 아름다움은 없어지는 것이 아니라 자기 자신에게 남아 있습니다.

나를 알아가는 아름다움 박람회 　　아름다움을 나누는 일일클래스

자존감도 습관이 필요해

▌ 루틴으로 자존감 높이기

◈ 루틴이 있으면 아이들은 교실의 상황이 익숙해집니다.

◈ 아이들은 상황에 따라 해야 할 일을 예측하고 활동하며 안정적으로 적응할 수 있습니다.

◈ 아이들이 학급 생활에 자율성을 발휘할 수 있고 자신감이 생깁니다.

◈ 교사는 아이들을 믿고 여유롭게 생활할 수 있습니다.

▌ 학급 루틴을 세우는 방법

루틴을 세울 때는 누가, 무엇을, 어떻게, 왜 하는지 생각을 나누며 학급 구성원이 함께 정해야 합니다. 그래야 아이들도 루틴의 필요성에 공감하며 책임감을 가지고 실천할 수 있습니다.

루틴을 처음 안내할 땐, '바른, 깨끗한, 가지런한, 깔끔한'과 같은 형용사는 개인적인 경험에 따라 이미지가 다르게 형성되므로 정확한 내용을 구체적이고 자세하게 설명해야 합니다.

예) 신발장 정리: **신발을 신발장에 가지런히 정리하세요.**

아이들은 어떻게 정리할까요?

이 중 가지런하지 않은 것은 무엇인가요?

전부 가지런하지요? 하지만 가지런함이 서로 달라 정돈된 느낌을 주지 않습니다.

이때는 교사의 일방적인 설명보다는 "얘들아, 어떤 방법으로 1년 동안 신발을 가지런히 정리하면 좋을까?"라고 물어보는 것이 좋습니다. 아이들의 의견이 모이면 선택된 방법대로 신발을 정리해 보고 잘된 부분을 칭찬해 주고 아닌 경우라도 격려를 해주면 됩니다.

여러 활동에서 루틴을 습관화시키기 위해 교사는 아이들의 행동 장면을 꼼꼼하게 관찰하고 확인하며, 이를 바탕으로 한 구체적인 칭찬과 피드백을 끊임없이 해주어야 합니다.

통신문 수합이나 과제 제출을 할 때 교사가 일일이 이름을 부르며 걷기보다는 아이들 스스로 제출한 후 자기 번호에 동그라미를 치게 하여 시간을 절약하도록 합니다.

나에게 숨어 있는 '행복'을 찾아라!

    아이들은 가족 여행, 생일, 상 받은 날 등 특별한 상황이 있어야 행복을 느낄 수 있다고 생각하기도 합니다. 일상생활 속에서 잘 살아가는 나에게 감사한 마음이 들면 나를 둘러싼 환경에서 행복을 끊임없이 찾아낼 수 있습니다. 자존감이 높아진다는 것은 자기 자신을 이해하는 능력이 높아지는 것을 의미하기 때문에 자신이 어려운 상황에 놓여도 스스로 충분히 해결할 수 있다는 긍정적인 생각으로 쉽게 포기하지 않습니다.

::   **나는 이럴 때 행복해요**

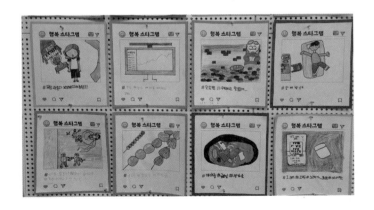

◈ 작은 일에도 행복해하는 나를 칭찬하는 시간을 가져요.

아직 이루지 못한 목표를 향해 나아가는 과정을 의미 있게 생각
하도록 합니다. 어떤 생각과 모습을 가지고 있는 나일지라도 소중
하게 여기겠다는 마음을 담아 그림으로 표현하는 활동입니다.

이런 활동을 해봄으로써 자신에 대한 긍정적인 자세가 다른 사
람들과의 소통과 관계 형성에 영향을 미친다는 것을 알게 됩니다.
사회적인 존재로 살아가며 겪는 스트레스를 효과적으로 관리하고
행복을 유지하는 데 큰 도움을 줍니다.

감사 기록으로 자존감 높이기

　세계적인 두뇌 코치 전문가 짐 퀵(Jim Kwik)에 의하면 정기적인 감사 표현은 뇌와 신체를 행복하고 건강하게 만들 수 있다고 합니다.

　감사 기록은 감사한 일을 떠올려 그 순간의 감정을 표현하는 것으로 하루를 기록하는 일기에서 발전하여 삶에 의미를 부여하는 일입니다. "감사합니다."라는 말을 자연스레 발화하는 글쓰기로 감사를 몸에 익히고, 작은 것 하나에도 선한 마음을 가지며 감사하는 태도를 기르는 활동입니다.

　감사한 순간을 기록하다 보면 무심코 지나간 일상을 유심히 살펴보게 되고, 나와 관계된 모든 일에 마음을 쏟게 됩니다. 이 과정에서 당연한 것은 없음을 깨닫고 '나'를 귀하게 여기게 되어 결국 아이의 자존감 향상을 촉진합니다.

:: 모든 일상에 감사할 수 있는 기록은 어떻게 하면 좋을까요?

▌첫째, 감사 기록을 하는 방법을 자세히 알려줍니다

　"오늘부터 감사 기록을 합니다. 이제 공책에 감사를 기록해 보세요."라는 말로 시작한다면 받은 결과물이 매우 실망스러울지도 모릅니다. 그러므로 아이들과 함께 감사를 기록하는 방법을 공유하고,

한 주 정도는 여러 번 자세히 보여주며 방법을 습득하도록 합니다.

▌ 둘째, 감사 기록이 부족한 예시도 들어줍니다

잘 쓴 기록과 함께 부족한 기록을 함께 보여주면 아이들이 자신의 기록을 되짚어 보는 데 큰 도움이 됩니다.

◈ **감사 기록장을 적을 때는**
- 사람뿐 아니라 물건, 동물 등 모든 것이 감사의 대상입니다.
- 감사 기록은 구체적이고 자세하게 적습니다.

◈ **줄글로 쓰는 방법**

◈ 이미지 스티커로 쓰는 방법

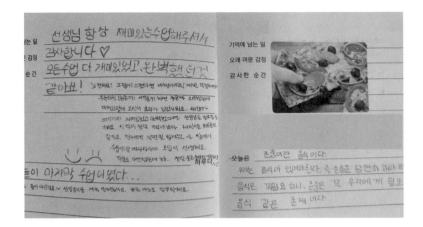

아이들이 자신에 대해 어떤 생각을 하고 있는지 알아볼 수 있는 가장 좋은 방법은 아이들이 쓴 글을 읽어보는 것입니다.

:: 아침 3줄 일상 한 스푼

소중한 나의 일상 이야기를 떠올려 보고 자신의 기분, 이유, 겪은 일, 생각나는 사람이나 친구, 감사한 일 등 내용을 제한하지 않고 3줄로 쓰도록 합니다.

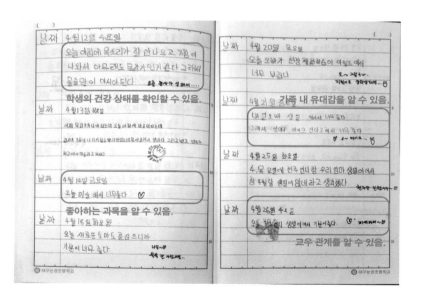

알림장에 자신의 일주일을 돌아봅니다. 자신이 일주일 동안 사소하더라도 뿌듯했던 일을 생각해 봅니다.

자신이 무엇을 했는지 생각이 잘 나지 않는다고 말하는 친구들이 있다면 어떻게 할까요?

친구들에게 물어보기 예) ○○이에게 칭찬할 내용 있는 사람?

교사의 관찰로 이야기해 주기 예) 국어 시간에 글씨를 정성 들여 쓰더라.

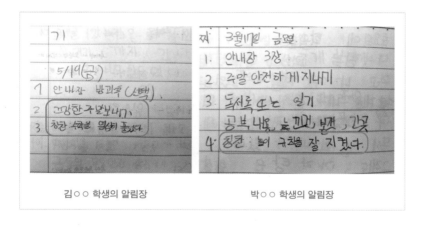

김○○ 학생의 알림장   박○○ 학생의 알림장

교사가 의도적으로 과정을 칭찬하다 보면 학생들도 자신에게 있었던 일을 바라보는 관점이 바뀌게 됩니다. 위의 사진에서 김○○ 학생은 수학을 다 맞은 것보다 수학을 열심히 푼 자신에게 칭찬하고 있습니다. 박○○ 학생은 놀이에 이겨서 기쁜 것이 아니라 규칙

을 잘 지킨 자신에게 칭찬합니다. 아이들도 결과보다 과정에 초점을 두게 됩니다.

:: 학급 SNS를 통한 일상 세 스푼

학급 SNS를 활용하여 학생들이 일상을 공유하면 학급 내 소통이 강화되고 학생들 간의 교류도 활성화됩니다. 관심사, 취미, 특기 등을 공유하고 자신을 표현하면서 서로의 다양성을 존중하는 긍정적인 학급 문화를 조성할 수 있습니다.

학급 SNS를 통한 소통 시 어떤 점을 주의해야 할까요?

첫째, 학급 SNS를 성공적으로 운영하기 위해서는 서로 간의 예의를 꼭 지켜야 합니다. 선플 달기, 욕설 사용하지 않기, 이용 시간 정하기 등 이용 규칙을 분명하게 정하여 실천할 수 있도록 하는 것이 중요합니다.

둘째, 사소한 주제라도 소통이 꾸준히 이루어지도록 관리하는 것이 중요합니다. 긍정적인 피드백을 통해 소통의 즐거움을 느끼고 참여할 수 있는 동기를 제공해야 합니다.

고자질하는 아이,
이렇게 지도해요!

나는 괜찮지만, 쟤는 안 돼요

"선생님! 노랑이가 연필 안 가지고 왔어요.", "선생님! 초록이가 지우개 떨어뜨렸어요."라고 주로 이야기하는 아이는 '남탓'의 정석이라고 할 수 있습니다. 이런 아이는 자기 잘못은 너그럽게 넘어가지만, 다른 친구들의 잘못은 엄격한 잣대를 대어 고자질하는 행동 특성을 보입니다. 학급 친구들 사이에서 '선생님에게 고자질하는 아이'라고 평이 나 있을 가능성이 많으며, 교사에게도 피로감을 줍니다.

이런 아이는 자신이 교실에서 일어나는 문제를 해결할 수 없다는 불안감이 높고 자존감이 낮을 가능성이 높습니다.

이 경우에 교사는 객관적인 시각이 필요합니다.

아이에게 먼저 물어보세요. 선생님께 말하는 목적이 친구가 선생님께 혼났으면 하는 마음인지(고자질), 내가 친구의 행동에 피해를 본 사실을 알리는 것(도움 요청)인지 생각해 보게 합니다. 전자에 가깝다면 친구의 행동이 자신에게 크게 영향을 미치지 않으며 피해를 주지 않는다고 말하면 됩니다.

친구의 실수나 어려움은 선생님께 '일러주기'보다 먼저 도움의 손길을 내미는 것이 더욱 바람직하다고 대안 행동을 제시하는 것이 좋습니다.

이렇게 다가가요

☑ 연우의 연필이 떨어진 것이 지아에게 피해를 주었을까?

☑ 선생님 생각에는 준비물을 안 가져온 주하가 참 곤란한 상황이었던 것 같아. 앞으로는 친구의 어려움에 손을 내미는 멋진 하율이를 기대해 볼게!

함께 걸어가는 이 길!

교단에 첫발을 내디디던 날.

"우리 선생님인가?"
"선생님, 안녕하세요? 우리 선생님이에요?"

아이들의 똘망똘망한 눈망울이 아직도 기억나는 걸 보면 교사의 길을 걷는 이유가 바로 '우리 반' 아이들 때문인 것 같다는 생각이 듭니다. 나를 바라보는 눈빛이 너무나 맑았고, 작은 것에도 까르르 웃으며 즐거워했기에 신규 시절 무엇을 할지 수 없이 고민했던 기억이 납니다.

'내가 이렇게 열심히 준비했는데 재미없다고? 어떻게 그럴 수 있어?'라며 혼자 속상해하기도 하고 나의 의도와 다르게 받아들여 좋지 않은 말을 하는 아이와 학부모에게 상처받기도 했지만, '우리 선생님, 우리 반 친구들, 우리 반 아이들'의 '우리'라는 마법 같은 단어에 묶여 평소의 내가 가지는 것보다 더 많은 관심과 애정과 힘을 '우리 반 학생들'에게 쏟았습니다. 초임의 열정으로 모두가 똑같이 성장할 수 있도록 나름의 교육을 한다고 했는데, 지금 생각해 보면 그 과정에서 상처받은 아이도 분명히 있었을 텐데 그때는 그것을 전혀 보지 못했습니다.

그러다 내 자녀가 초등학교에 들어간 후.

아이들을 보는 저의 시선이 완전히 바뀌었습니다. 1학년 아이들이 무엇을 하든 그 자체만으로도 기특해 보였습니다.

'아이니까 떠들지, 앉아 있는 것만으로도 기특한걸, 목소리가 작을 수도 있지, 하기 싫은 걸 참고 하는데 지금 얼마나 힘들까?' 하며 예전과 달리 여유로워지고 너그러워졌습니다.

어느 날 교장 선생님께서 웃으시며 "김 선생님, 그 반 아이들의 반 이상이 ADHD인가 봐."라고 하시는데 처음엔 '무슨 말씀일까?' 싶었습니다. '우리 반 아이들이 이상하다는 말씀인 건가? 아냐. 교장 선생님이 옛날 방식이라 그래, 1학년 애들이 다 그렇지.'라고 나름의 합리화를 했던 것 같습니다.

이렇게 너그러운 태도로 2년을 보내던 중, 문득 '아이들이 즐겁고 편하게 학교생활을 하는 것 같긴 한데 배운 것은 뭐지?'라는 생각이 들었습니다. 힘들면 억지로 하지 않아도 된다는 저의 교육관이 아이들의 성장을 더디게 만든 것은 아닌가 하는 생각에 아차 싶었습니다. 적응에만 신경 쓴 나머지 아이들을 이만큼 성장시켜야겠다는 목표가 없었습니다.

그 후 다음 학교로 이동했고, 여기에서 저의 교직관은 완전히 바뀌게 되었습니다. 학교에서의 배움이 전부인 아이들을 만나며 지금까지는 와닿지 않던 교사의 영향력, 중요성, 책임감을 크게 느끼게 되었습니다.

이제야 진심으로 '나는 어떤 교사가 될 것인가?', '아이들에게 무엇을 가르치고 싶은가?', '어떤 아이로 자라게 하고 싶은가?'를 구체적으로 고민하게 되었습니다. 저를 믿고 따르며 눈빛을 반짝이는 아이들을 보니 뭐든지 해야 했습니다. '얘는 이것을 이만큼, 쟤는 저것을 저만큼'. 학급 목표를 설정하기도 했지만, 학생 개별로 이만큼은 하게 해야겠다는 목표 또한 구체적으로 세우고 단계별 교육 계획을 세웠습니다.

하지만 생각보다 목표를 향해 나아가는 게 잘되진 않았고, '왜 잘 안될까? 뭐가 문제일까?'라는 고민은 다양한 책을 읽고, 전문가들을 찾게 했습니다. 아직, '이것이 정답이다.'라고 할 학급경영 방법을 찾은 것은 아니지만 이러한 고민과 답을 찾으려는 저의 노력은 학급경영에 한 발 더 내딛게 하였고 조금은 성장한 학급경영을 하게 만들었습니다.

"선생님, 보고 싶었어요. 아프지 마세요."

아파서 학교에 늦게 간 날, 아이들이 몰려와 걱정하며 꼭 안아주었습니다. 선생님 목이 아프다며 대신 말을 해주는 아이, 정말 작은 목소리인데도 집중해서 듣고 움직이는 아이, 집에서도 선생님 걱정된다는 아이. 우리 반 아이들.

교사로서 힘든 시기이지만, 기쁨도, 슬픔도, 아픔도 함께 나누는 '우리'가 있어 힘을 내어 이 길을 걸어갑니다.

밖에서는 쉽게 보일지도 모르는 길이지만, 묵묵히 걸어가는 훌륭한 동료 교사들이 있어 힘을 내어 이 길을 걸어가고 있습니다.

여전히 학급경영은 어렵습니다. 그럼에도 성장하는 아이들이 있고, 함께하는 동료가 있어 저는 이 길을 함께 걸어가고 싶습니다.

두려움을 설렘으로 바꾸는 것은 마음가짐의 힘

대구에서의 파견교사 기간을 끝내고 2020년 대구로 전출을 결심하게 되었습니다.

발령지가 발표되던 날 저의 주거지인 지역 어디에도 제 이름을 찾을 수가 없었고 겨우 찾은 제 이름은 원래 경상북도였지만 대구에 편입된 달성군, 거기에서도 논공읍이라는 작은 마을, 그 안에서도 산 중턱까지 올라가야 만나는 작은 학교에서 찾을 수 있었습니다.

'아, 이런 시골학교에 오려고 전출했나…. 왜 나에게 이런 일이 생긴 건가?' 마음이 너무나도 혼란스러웠습니다.

발령지 학교로 인사를 가며 앞으로 4년간 자녀들을 키우면서 집과 멀리 떨어진 근무지로 통학할 생각을 하니 울컥하는 마음이 올라왔습니다.

새로 발령받은 곳에서 인사하며 알게 된 나를 놀랍게 하는 사실들은 한둘이 아니었습니다.

학급 안에 외국 국적의 외국인 가정 학생, 한 명의 한국 부모로 구성된 다문화 가정 학생, 난민 신분의 학생, 특수 대상 학생, 한 부모 가정 학생 등 교직에 몸담았던 시간 동안 어쩌다 만나는 유형의 가정이 종합 선물 세트처럼 한 반에 어우러져 있었습니다. 외국 학생들의 구성도 러시아계가 70% 이상이었고 30%는 파키스탄, 중국, 베트남, 필리핀, 이란 등 40여 개의 나라의 아이들이 모여 있었습니다.

러시아계도 러시아 이외 우크라이나, 키르기스스탄, 카자흐스탄,

우즈베키스탄, 투르크메니스탄 등 소수 국가로 되어 있어 러시아와 우크라이나 전쟁이 터졌을 때도 우리나라 국민들이 치솟는 물가와 주유비를 걱정하며 대비할 때 학교는 러시아 아이들과 우크라이나 아이들 사이에 발생할 수 있는 분쟁에 대비하고 있었습니다.

한국어가 익숙지 않은 외국인 가정 아이들은 한국어 수준별로 3개의 한국어 학급에서 일정 시간 수업을 하고 원학급으로 돌아와 통합 수업을 하였고, 담임 선생님들은 일반 학생들과의 통합 수업을 매우 어려워하였습니다.

첫날부터 이 학교에 적응할 수 있을지 두렵고 마음이 힘들었는데 저는 도대체 무슨 배짱으로 용기를 내었을까요? 학년 선택 1지망에 당당히 한국어 학급을 썼고 학년 및 업무 배정 발표 날 아무도 선택하지 않으려 했던 한국어 학급 담임으로 배정되었습니다.

그날부터 저에게 새로운 도전의 시간이 시작되었습니다. 외국어를 못하는 교사가 러시아계 학생 여섯 명과 파키스탄 학생 한 명, 총 일곱 명의 외국인 학생의 담임 선생님이 되었기 때문입니다.

그 상황에서 전 세계를 뒤흔든 코로나19가 확산하였고 개학이 미뤄지며 학교 문도 굳게 닫히게 됩니다. 교육청에서는 온라인으로 가정과 연락을 하고 Zoom, 구글 클래스룸 및 E-학습터를 활용하여 아이들의 학습 결손을 최소화하라고 했지만, 말도 안 통하는 학생과 부모님을 대상으로 안내하며 수업을 진행하는 것은 불가능에 가까웠습니다. 한국어 학급의 교사로서 역할을 잘하지 못하는 내가 한없이 한심하고 매일 그런 생각들이 저를 점점 움츠러들게 하였습니다.

학교와 여러 방안을 고민한 끝에 한국어 학급의 아이들은 소수이니 방역을 철저히 하여 매일 등교시키는 것으로 결정이 났습니다. 일반 학급의 아이들이 격일제와 2부제 등교로 학교를 나올 때도 우리 반 아이들은 다른 세상에 사는 것처럼 매일 학교에 나와 한국어를 배워나갔습니다.

제가 어떤 아이들을 만나든지 다짐하는 것이 있습니다. 나와 함께하는 시간 동안 아이들이 어떻게 변화하면 좋겠다는 마음을 가지는 것입니다. 아이에 대한 목표를 가지게 되면 어떻게든 끌어주고 싶은 애정이 생기기 때문입니다. 아이들 또한 말로 표현하지 않아도 선생님이 이끌고자 하는 길에 함께 서서 따라가려고 합니다. 다만 그 시작은 아이들의 마음을 얻어야만 가능해집니다.

또 한 가지 다짐하는 것이 있는데 아이들이 단기간에 변화하지 않는다고 해서 실망하지 않겠다는 마음입니다. 우리의 눈에 변화가 없어 보일 뿐 아이들은 분명히 성장하고 변화하고 있기 때문입니다. 변화의 모습이 몇 달이 채 걸리지 않는 아이들도 있지만 수년이 지나야 변화의 모습을 보이는 아이들도 있으니까요.

현수막에서 다시 만난 그 아이, 그리고 싹 틔울 기회

 학교를 옮기고 나서 만난 우리 반 친구들. 그중에 유독 눈에 띄는 아이가 있었습니다. 큰 덩치에 거침없는 말로 돌직구를 던지던 아이였습니다.

 전입 첫해라 전 담임 선생님께 아이에 관해 물어볼 용기가 없어 어떠한 정보도 알지 못한 채 일단 부딪혀 보았습니다. 직설적인 말투 때문에 잦은 부딪힘은 있었지만 어떤 일이든 사건의 순서를 정확하게 파악하는 능력은 누구보다 뛰어났습니다. 5학년 한국사 시간에 이 아이의 탁월한 능력이 별처럼 빛났습니다. 학부모 상담에서 이런 강점을 칭찬했고, 아이에게도 학년 친구들보다 분석력이 뛰어나다며 칭찬해 주었습니다. 이 때문이었을까요? 한국사 과목에 더 흥미를 느끼고 공부를 꾸준히 하더니 한국사 능력 검정 시험에도 도전하여 좋은 성적을 거두었습니다. 동 학년 선생님께 아이의 변화 과정을 말씀드렸고, 다른 선생님들의 귀에도 들어가게 되었습니다. 어느 날, 아이의 전 담임 선생님께서 제 교실을 찾아왔습니다.

 "선생님, 그 아이 힘들지 않으세요?"라며 작년 그 아이와의 힘들었던 몇 가지 문제 상황을 알려주셨습니다. 그 선생님의 고단함에 충분히 공감해 드리니 저에게 질문을 던지셨습니다.

 "저런 아이를 어떻게 다루셨어요?"

 이 말을 듣자마자 머리가 멍해졌습니다.

'나는 이 아이를 어떻게 대했었나? 특별한 방법이 기억나지 않는데…. 뭐라고 말해드려야 하나?'

이 질문에 대한 대답이 떠오르지 않아 고민하다 "만약 선생님께서 2월에 저 아이에 대해 말씀해 주셨다면, 오늘 선생님께서 저에게 이 질문을 하지 않으셨을 것 같아요."라고 말했습니다. 편견 없이 아이에게 다가갔기에 아이 역시 그런 선생님의 태도를 믿고 따라온 것이 아닐지 생각해 봅니다.

그렇게 아이를 6학년으로 올려 보낸 후 6년이 지난 어느 날 아침. 한 고등학교 앞에 걸린 학교를 빛낸 학생들을 알리는 현수막에 낯익은 이름이 보였습니다. 이름이 워낙 특이해서 단번에 알아볼 수 있었습니다.

자신이 가진 강점을 잘 발휘해서 학교를 빛내고 있었습니다. 기쁜 마음으로 단숨에 연락하고 싶었지만, 아이의 미래에 박수를 보내는 것이 제 역할이라 생각하였습니다.

학년과 업무 배정이 이루어지는 2월. 흰 봉투를 확인한 선생님의 알쏭달쏭한 표정.

많은 교사들이 봉투 속 명단을 들고 이전 학년 담임교사를 찾아가 학생에 대한 정보를 하나라도 얻으려고 노력합니다. 그리고 전 담임 교사로부터 받은 피드백에 안도하기도 하고, 미리부터 걱정하기도 합니다.

그렇게 시작했었던 새 학기의 시작은 별로 행복하지 않았습니다. "삐딱이가 선생님 반이야? 어휴, 어떡해…."

"똘똘이가 이 반이구나. 근데 얘가 있잖아….."

걱정이 가득하지만, 봉투를 뽑아서 확인한 이상 바꿀 수 없습니다. 이 봉투 속의 아이들은 우리가 틔울 씨앗들입니다. 전 담임교사로부터 이야기를 듣고 나서 봉투 속 특별한 아이(일명 VIP)를 마주하면 그 씨앗은 벌써 물을 함빡 머금을 기회를 놓치게 됩니다.

그렇게 된다면 그 씨앗은 싹도 틔우기 전에 도태된 씨앗이 되어 버립니다.

저는 앞으로도 더 이상 봉투 속 명단을 들고 전 담임을 찾지 않을 것이며 존재 자체로 가치 있음을 귀하게 생각하며 아이들을 만날 것입니다. 아이들도 자신에게 편견 없이 다가오는 선생님의 품 안에서 싹을 틔울 때 더 아름답게 자라나리라 생각합니다.

3

소속감,
우리를 이어주다

UBUNTU (우분투)

네가 있기에 내가 있다.

나머지 아이들이 다 슬픈데

어떻게 나 혼자만 기분이 좋을 수 있는 거죠?

- 아프리카 반투족 -

학급경영의 긍정 마중물
-우리를 이어주는 연결고리

   소속감은 학급경영에 있어 건강한 자아 인식을 하는 자존감과 함께 성취감을 맛볼 수 있게 하는 축을 이룹니다.

   소속감을 느끼지 못하는 아이들은 또래 집단에 들어갈 의지가 없어 교실의 어떤 공동의 목표와 규칙에도 관심이 없습니다. 하지만 교실에서 공동체의 기쁨을 느낀 아이들은 강력한 정서적 연결감과 소통으로 소속감을 느끼며 다양한 분야에 긍정적으로 반응합니다.

   소통이라는 마중물은 친구, 부모님, 교사 그리고 자기 주변 세계와의 연결고리가 됩니다. 소속감은 삶의 여정에서 아이들 스스로 멀리까지 걸어갈 수 있도록 하는 힘이 됩니다.

   이것은 교사로서는 학급의 정체성을 세워가는 일이기도 하고 학생 개인으로 봐서는 긍정적인 관계 맺기를 통해 삶의 목적과 의미를 찾아가는 일이기도 합니다.

　환경적인 측면에서 접근하자면 아이들이 교실이라는 공간이 안전한 장소임을 인식하게 함으로써 의미 있는 경험을 제공해 줄 수도 있습니다. 또는 공동체 놀이나 활동을 통해 긍정적인 피드백으로 자발적이고 적극적인 참여를 유도할 수도 있습니다.

:: 　아이들에게 있어서 소속감을 맛본다는 것은
　　어떤 의미가 있을까요?

　아이들의 삶에서 소속감을 맛보기 시작했다는 의미는 이제 막 성장과 성숙의 출발선에 섰다는 것입니다. 삶에서 부딪히는 다양한 문제와 두려움을 주변 친구들과 함께 풀어나가는 지혜를 얻게 하는 원동력의 열쇠를 막 손에 쥐었다는 것이라고 해석해도 됩니다.

:: 　그렇다면 교사는 무엇을, 어떻게 해야 아이들이
　　더욱 소속감을 경험하며 성장하도록 도울 수 있을까요?

　소속감은 한 번도 경험해 보지 못한 집단의 힘을 통해 자기 행동에 대한 책임감을 알고 자신의 가치를 높여가며 사회적 관계를 형성하는 데 도움을 줍니다. 따라서 교사는 교실 환경부터 심리적으로나 물리적으로 안정적이고 협력할 수 있는 구조가 될 수 있도록 잘 마련해야 합니다.

또한 공유의 가치가 되는 학급 규칙에서부터 교실의 문화가 되는 언어, 태도, 사고방식까지도 소속감을 이루는 중요한 요소이기 때문에 교실 구성원인 아이들과 함께 이뤄갈 수 있도록 교사의 세심한 배려가 필요합니다.

교사는 이런 일련의 과정에서 아이 개개인에게 역할을 부여하고 지원해 주는 응원의 자리에 있어야 합니다.

많은 교사가 3월을 어수선하게 맞이하는 이유가 이런 소속감이 주는 엄청난 힘을 놓치기 때문입니다. 수업에 있어 집중력 감소, 자신감 저하, 친구 간의 갈등, 학교폭력에 이르기까지 소속감이 몰고 다니는 영역은 매우 다양하고 광범위합니다.

교사는 평소 학생들의 대화, 일기, 학부모 상담, 수업 시간 활동 모습 등에서 소속감을 저해하는 요소를 발견해서 해결해 줄 수 있어야 합니다. 낙인된 아이에게도 그 아이만이 할 수 있는 장점이 있습니다. 이것을 어떻게 건강한 소속감으로 심어줄지는 전문가인 교사의 노력과 전략이 필요한 부분입니다.

교사의 전문가적인 대처는 아이들이 소속감을 맛보게 할 것이며, 이 소속감의 경험을 맛본 아이들은 일에 대한 책임감과 사랑받는 법

을 알게 됩니다. 서로에게 긍정적인 피드백이 얼마나 자신과 주변 친구들을 성숙시키고 놀랍게 변화시키는지 알아갑니다.

이렇듯 서로를 이어주는 연결고리이자 학급을 긍정적으로 이끄는 이 소속감을 형성하는 활동에는 어떤 것이 있을까요?

너와 내가 만나는 시간

우리가 함께 세우는 공동목표

누구나 야구 경기를 관람해 본 적이 있을 것입니다. 옆자리에 앉은 모르는 사람과도 뜨겁게 한마음이 될 수 있는 이유는 '우리가 응원하는 팀이 이겼으면 좋겠다!'라는 공동목표가 있기 때문입니다.

아이들도 3월에는 새로운 선생님과 친구들을 만나서 새로운 학급에 기대하는 바가 분명히 있을 것입니다. 이런 기대를 구체적으로 풀어내는 것은 매우 중요합니다. 구체적인 목표가 있을 때 한배를 탄 학생과 교사는 같은 방향으로 노를 저을 수 있기 때문입니다. 공동의 목표가 있으니, 학급에 활력이 샘솟는 건 당연한 이치입니다.

"엄마가 방 정리를 하라고 하면 10분도 하기 싫다가 내가 스스로 방 정리를 하게 되면 1시간도 하게 돼요."

사람은 내재적 동기가 있을 때 행위에 기쁨을 느끼고 적극적으로 움직이게 됩니다. 나만을 위한 것도 아닌, 너를 위한 것도 아닌 '공동의 것'을 만들어 내기 위해 노력해야 하는 까닭은 우리 반 모두의 생각이 담겨 있을 때 우리는 자신의 의견과 선택이 들어간 것을 지키기 위해 자발적으로 행동하게 되기 때문입니다.

학기 초에 우리가 만들어 갈 공동의 것은 무엇일까요?

그것은 바로 우리 반 공동목표입니다.

:: 공동의 목표를 찾아나가는
과정을 따라가 봅시다

▌마음 열기

"여러분이 아침에 눈을 뜰 때 학교에 가고 싶다는 생각이 든다면 어떤 반이기 때문일까요?"

▌생각 떠올리기

여러분들이 작년까지 학급이 행복하다고 생각했을 때를 떠올려 보고 올해 우리 반이 어떤 학급이 되기를 바라는지 이야기해 봅시다.

"풍선 배구하다가 나 때문에 점수를 잃었는데도 모둠 친구들이 웃으며 아무렇지 않다는 듯 대해주고 격려해 줬을 때 우리 반에 있어서 정말 행복하다고 생각했어요."

▎내가 생각하는 학급 목표 적기

"우리 반이 나아가야 할 방향을 생각하며 어떤 반이 되었으면 좋겠는지 포스트잇에 적어봅시다."

▎공동목표 정하기

"포스트잇을 붙이며 분류해 봅시다. 분류된 목표들 중 묶을 수 있는 보다 큰 범위를 만들어 봅시다. 그리고 난 후 내가 가장 바라는 우리 반의 모습에 스티커를 붙여주세요.

학교폭력 없는 반 3
서로 존중하며 배려하는 반 11
공부를 열심히 하는 반 2
웃음이 넘치는 반 5
질서를 잘 지키는 반 4

◈ 이렇게 세운 공동의 목표를 문장으로 만들어 학급 문구를 만듭니다. 이때 학급 명수에 맞는 글자 수로 만들어 모든 아이가 한 글자씩 표현합니다. 그런 다음 교실에서 가장 잘 보이는 곳에 게시하고 아이들의 삶에 스며들 수 있는 환경을 만들어 줍니다.

◈ 부정적인 행동에 초점을 맞추기보다 긍정적인 단어를 사용해서 목표하는 행동에 초점을 맞추게 합니다.

◈ 3월은 학급 공동의 목표를 함께 살펴보는 시간을 반복해서 가지면 실천의 효과가 더 좋아집니다.

◈ 학급 목표에 맞는 실천 문구를 만들어 표현하기

◈ 학급 목표에 맞는 소제목으로 표현하기

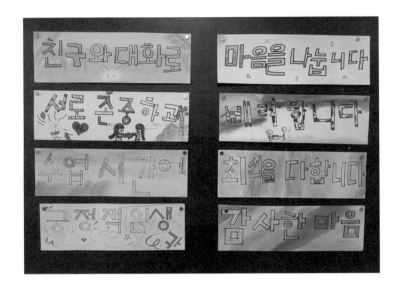

우리를 묶어주는 반 이름

:: 반 이름으로 하나 되는 우리 반

학급은 하나의 공동체입니다. 학급에도 정체성이 있어야 합니다. 이름은 다른 것과 구별하기 위하여 의미 있게 부르는 특별한 단어입니다. 학급의 이름을 만들게 되면 우리 반이 특별한 반이라는 생각이 드는 동시에 소속감 역시 느껴집니다.

:: 우리 반 이름에는 특별한 의미가 있다

싱킹 보드에 자신이 생각한 학급 이름과 그 이름이 의미하는 내용도 적도록 합니다. 예시를 들어주면 더 좋습니다.

만약 부르기 좋고 재미있는 이름을 발표했지만, 그 의미를 미처 생각하지 못한 학생이 있다면 반 학생들과 함께 의미를 생각해 봅니다.

"선생님 좋은 생각이 떠올랐어요! 우리 반은 4학년 4반이니까 '사사반' 어때요?"

"어떤 의미를 담을 수 있는지 함께 생각해 볼까요?

"4에 사(4)이좋고 사(4)랑하는 반이라는 의미를 담을 수 있을 것 같아요."

싱킹 보드에 적은 학급 이름을 발표하고 칠판에 비슷한 의미를 담은 이름을 분류해서 붙여봅니다.

왜 그런 이름을 정하게 되었는지 의견을 발표한 후 각자 우리 반의 좋은 이름이라고 생각한 곳에 스티커를 3개 이상 붙인 후 그 이유를 친구들과 이야기합니다.

♥ 해피러스 반
  : 해피바이러스라는 뜻입니다.
  행복을 전하는 우리 반이 되었으면 좋겠습니다.

♥ 햇반
  : 햇살같이 따스한 우리 반이라는 뜻입니다. 햇살처럼 따스하게 친구를 배려해 주고 서로 사이좋게 지냈으면 좋겠습니다.

♥ 별빛반
  : 밤하늘에 별이 빛나는 것 같이 우리도 밝게 빛나는 반이 되었으면 좋겠습니다.

♥ 스마일 반
  : 웃으면서 마음을 나누고 매일매일 행복한 반이 되었으면 좋겠습니다.

이렇게 반 이름을 정하게 되면 집중 구호를 외칠 때도 활용하기가 좋으며 아직 한국어가 서툰 다문화 아이들이나 특수교육 대상 아이들과의 약속 구호로도 수월합니다. 무엇보다 모든 아이들이 반 이름 하나로도 소속감을 느끼게 됩니다.

너도나도 공감 텔레파시

:: 마음이 통하는 즐거움

'너도나도 공감 텔레파시'는 선생님이 주제를 제시하면 주제에 적합한 단어 5개를 활동지에 적고 이에 공감하는 친구들을 확인하며 서로의 공감대를 높이는 놀이입니다. 친구들과 생각의 공감대가 있고 이것을 통해 대화할 수 있다는 것, 함께 공감의 시간을 갖는다는 것이 활동의 중요한 부분입니다.

학교에서 내가 가장 좋아하는 시간은?
나는 중간 놀이 시간! 너도?

첫째, 선생님이 제시한 주제를 듣고 떠오르는 단어를 활동지에 5가지를 적습니다.

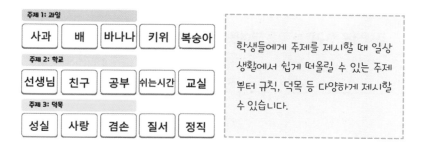

주제 1: 과일
| 사과 | 배 | 바나나 | 키위 | 복숭아 |

주제 2: 학교
| 선생님 | 친구 | 공부 | 쉬는시간 | 교실 |

주제 3: 덕목
| 성실 | 사랑 | 겸손 | 질서 | 정직 |

학생들에게 주제를 제시할 때 일상생활에서 쉽게 떠올릴 수 있는 주제부터 규칙, 덕목 등 다양하게 제시할 수 있습니다.

둘째, 모두 적으면 한 명씩 돌아가며 단어 1개를 말합니다. 나에게도 친구가 말한 단어가 있다면 동그라미표를 합니다. 동그라미표의 개수가 자신의 점수입니다.

셋째, 제한 시간 후에 각자의 점수를 합산하여 자신의 놀이공감지수를 파악하도록 합니다.

주제별로 친구들과 같은 단어를 말한 갯수를 써 봅시다.

주제 1	주제 2	주제 3	주제 4	나의 놀이공감지수는?
4개	5개	3개	5개	17점

학생 수가 많은 경우 타이머를 1분 맞추어 놓은 다음 친구를 만나서 자신이 적은 단어와 같은 단어가 있는 친구가 몇 명인지 찾아다니는 활동으로 진행할 수도 있습니다. 놀이의 묘미는 자신의 학급 특색에 맞게 '변형'할 수 있다는 것입니다.

점수의 합산에 초점을 두기보다는 자신이 얼마나 친구들과 공감을 많이 했는지 살펴볼 수 있도록 지도하는 것이 좋습니다. 놀이공감지수가 낮게 나오는 것은 친구들과의 친밀도가 낮음을 의미하는 것이 아니며 친구들의 생각이 나와 얼마나 비슷한지 알아보는 활동임을 이해시키면 좋습니다.

너와 나의 연결고리, 관계도 그리기

:: 혼자서는 살 수 없어요

'너와 나의 연결고리' 활동은 개인을 중심으로 다른 사람과의 관계를 나타내는 관계도를 그리는 활동입니다. 아이들이 자신을 중심으로 다른 사람과의 관계를 나타내기 때문에 아이들의 마음을 이해하고 또래 관계의 흐름을 알 수 있는 활동입니다.

관계도에 나타낼 대상의 범위와 표시 방법, 주제 등을 아이들과 함께 약속합니다. 관계도를 그리는 범위, 선의 색깔이나 굵기 등을 미리 약속하는 것이 좋습니다.

* 관계도 그리기 방법 *
❶ 주제: 나를 중심으로 한 인간관계
❷ 범위: 누구까지?
 • 가족(친척은 빼고)
 • 친구(같은 학교 같은 반 친구)
 • 학교 안의 관계(선생님 등)
❸ 그리는 방법
 • 선의 색깔(빨강-사이 좋음/초록-보통/파랑-좋지 않음)
 • 위치(나의 이름에서 가까우면 사이가 좋음)

약속한 방법에 따라 학생 개인별로 관계도를 그립니다.

다음 작품은 예시 작품으로 아이마다 자유로운 양식으로 자신의 관계를 나타낼 수 있습니다. 중요한 것은 누구와 연결되어 있는지 관계를 생각해 보는 것에 있습니다.

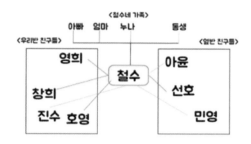

관계도를 보며 관계 맺기를 위해 필요한 것이 무엇인지 스스로 생각할 기회를 제공합니다.

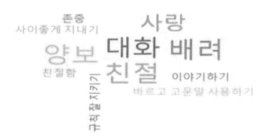

멘티미터 설문 등을 워드클라우드로 나타내면 더욱 효과적으로 학생들의 생각을 나타낼 수 있습니다.

갈등을 풀어주는 너와 나의 대화법

:: 갈등이 있지만 평화로운 교실

학교에서 쉬는 시간이나 점심시간에는 늘 사소한 갈등이 일어나기 마련입니다. 갈등해결 대화법은 언제나 일어날 수 있는 다툼의 상황에서 친구로 인한 자신의 속상한 마음을 어떻게 표현하는지, 자신이 친구에게 한 실수를 인정하는 모습을 어떻게 보일 것인지, 앞으로 어떻게 행동해야 하는지에 대한 방법을 알려주는 활동입니다. 이때 교사는 잘잘못을 가리는 역할을 하는 것이 아닌 중재자로서 아이들이 스스로 깨칠 수 있도록 도와줘야 합니다.

학생들 스스로가 자신의 마음을 이야기하고 서로 화해할 수 있도록 해주세요.

갈등이 없는 교실은 없습니다. 하지만 갈등의 결말이 모두 같지는 않습니다. 사과만으로도 마음이 풀리기도 하지만 작은 다툼이 큰 싸움으로 번지기도 합니다. 갈등을 풀어보려고 대화를 시도하지만, 점점 더 화가 나는 이유는 무엇일까요?

사람의 마음은 보이지 않습니다. 그렇기에 '말'로 자신의 마음을 전달해야 합니다. 자신이 화가 나는 이유와 원하는 바를 이야기할 수 있어야 합니다.

:: **나로 시작하는 대화**

'너'로 시작하는 말은 듣는 사람이 비난이나 명령으로 들을 수 있습니다. 그래서 그 말을 들을 때는 변명하거나 혹은 공격으로 맞대응하게 됩니다.

그에 반해 '나'로 시작하는 말은 자신이 원하는 것을 분명하게 말하기 때문에 좀 더 편안하게 대응할 수 있습니다. 그래서 그 사람의 요구에 응하게 됩니다.

일상생활에서 자주 듣는 '너'로 시작하는 말을 '나'를 주어로 하는 말로 어떻게 바꾸어 쓰면 좋을지 이야기 나눈 후 '너'로 시작하는 말을 '나'로 시작하는 말로 바꾸어 보는 방법을 알려줍니다.

(너) 왜 이렇게 늦었니?
(나는) 네가 약속 시간을 지키지 않아 속상했어.

(선생님은) 나를 무시하시는 것 같아요.
(나는) 선생님이 제 말에 대답해 주지 않으셔서 속상해요.

(너) 왜 내 발을 밟고 지나가니?
(나는) 네가 내 발을 밟은 후 사과 없이 지나가서 속상했어.

아이들에게 평가하며 해석하는 말과 관찰을 기반으로 사실을 말하는 것의 차이를 알게 해준다면 친구 사이의 오해를 줄일 수 있습니다.

☹ 너는 윤주만 좋아하는구나! (자신의 판단)
☺ 윤주에게는 지우개를 빌려주면서 나에게는 지우개를 빌려주지 않았어요. (사실)

☹ 선생님은 나를 싫어하는 것 같아요! (자신의 판단)
☺ ○○이가 늦게 일어나서 지각했다고 했을 때는 아무 말도 하지 않으셨는데 내가 숙제를 한 공책을 안 가져왔다고 하니 정말인지 물으셨어요. (사실)

◈ 사실을 기반으로 한 속상함 말하기

경희가 지나가다가 제 책을 떨어뜨렸어요. (사실)
저는 경희가 제 책을 떨어뜨려서 좀 기분이 나빴어요. (감정)
앞으로는 경희가 제 책을 떨어뜨리면 주워주었으면 좋겠어요. (바람)

◈ 사실을 기반으로 한 사과하기

내가 지나가면서 너의 수학책을 떨어뜨려서 정말 미안해. (인정)

앞으로는 너의 물건을 떨어뜨리지 않도록 조심할게. 내 사과를

받아줘. (약속)

"미안해." 하지 않는 아이,
이렇게 지도해요

사과는 자존심 문제가 아니야

"미안해." 라는 말을 입 밖으로 꺼내는 것을 극도로 힘들어하는 아이들을 보고 있으면, 잘못해 놓고 무슨 고집을 이렇게 피우는지 이해되지 않을 때가 많습니다. 사과 한마디면 서로가 평화롭게 끝낼 수 있는 상황이라는 게 눈에 뻔히 보이는데 이 아이는 도대체 왜 이러는 걸까요?

이런 아이들은 자존감은 낮지만, 자존심은 강한 편입니다. 사과를 열등감과 연결하기 때문에 미안한 마음이 있을지라도 사과의 말을 하는 것을 무척 힘들어합니다. 그렇다면 이런 아이들의 기질을 존중하여 사과를 강요하지 않아야 하는 걸까요?

아닙니다. 교사가 아이의 기질을 완전히 바꿀 수는 없지만, 사과의 말이 자존심을 깎아내리는 말이 아니라는 것은 반드시 지도해야 합니다. 지도 후에 아이가 사과했는지 안 했는지 확인하는 것보다는, 알림장이나 개인 면담

등으로 지속해서 관찰하는 것이 좋습니다. 자기 잘못에 대한 사과의 말은 자존심 상하는 말이 아닌 행동에 책임을 지고 내 마음을 전하는 멋있는 행동임을 지도하는 것이 더 중요합니다.

이렇게 다가가요

- ☑ "미안해."라는 말은 너를 작아지게 하는 말이 아니야.
- ☑ 사과하는 말은 네가 더 큰 사람이 되도록 도와준단다.
- ☑ 처음에는 "미안해."라는 말이 잘 나오지 않는 게 당연해.
  말로 하기 힘들다면 쪽지를 써서 전달하는 것도 좋아.

사과를 받아주지 않아 속상한 아이, 이렇게 지도해요

마음을 정리하는 데 시간이 더 필요한가 봐

아이들 사이에 다툼이 있으면 마음의 앙금이 서로 남아 있는 상태에서는 감정이 둘 다 가라앉지 않아 사과의 말을 건네기가 쉽지 않습니다. 시간이 조금 지나 먼저 감정이 가라앉은 아이가 보통 사과의 말을 건넵니다. 대부분은 사과의 말로 다시 둘도 없는 친구가 되기도 하지만, 가끔 자기 사과를 받아주지 않는다며 속상함을 토로하는 아이가 있습니다.

이 아이가 속상한 이유는 내 용기가 거절당했다는 것, 너도 나처럼 마음을 풀어야 하는데 그렇지 않았다는 2가지 정도의 이유가 있을 것 같습니다. 이런 아이들에게는 상담 기법 중 반영(Reflection)을 이용한 공감과 위로가 먼저입니다. 만약 조언이 공감과 위로에 앞선다면 상처가 난 곳에 소금을 뿌리는 것과 같습니다. 자신이 용기를 내어 마음을 표현했는데 거절당한 것에 상처가 크므로 마음을 먼저 안아주어야 합니다. 그다음이 조언입니다.

아직 아이들은 발달 단계상 타인의 감정보다 자신의 감정이 우선하기 때문에 교사는 이 점을 고려하여 아이에게 조언해야 합니다. 마음을 정리하는 데는 사람마다 시간이 다르니 친구를 기다려 보자고 이야기해 줍니다. 이런 조언은 '나' 중심의 사고에서 벗어나 타인을 고려하는 사고로 확장하게 도와줄 수 있습니다.

학급 공동체의 행복한 시간

만들어 가는 학급경영

▌ 학급 규칙 보완이 필요할 때

학생들이 스스로 만들었던 학급 규칙을 토대로 우리 반만의 학급 문화를 정리하는 활동입니다. 학급에서 생활하면서 잘한 점과 노력해야 할 점을 돌아보고 잘하고 있는 점과 노력해야 할 점을 생각해 봅니다. 이를 통해 학급 살이의 즐거움을 맛보고 우리 반만의 고유한 문화를 만들어 갈 수 있습니다.

생활하면서 반에서 힘들고 불편했던 일을 생각카드(포스트잇, 육각 보드 등)에 적어봅니다.

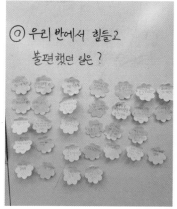

생각카드를 붙이고 관련 가치 덕목이 무엇인지 적어봅니다.

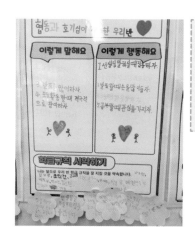

학생들이 적은 불편한 점을 기준의 학급 규칙판에 붙이면서 우리 반에서 힘들고 불편한 일들이 어떤 가치 덕목과 관련되어 있는지 스스로 생각할 기회를 제공합니다.

학생들이 적은 불편한 점을 기준의 학급 규칙판에 붙이면서 우리 반에서 힘들고 불편한 일들이 어떤 가치 덕목과 관련되어 있는지 스스로 생각할 기회를 제공합니다.

5월까지 했던 일을 되돌아보며 '이렇게 말해요, 이렇게 행동해요.' 생활 규칙을 보완합니다. 이런 과정을 통해서 학급의 울타리는 더 견고하게 서게 됩니다.

학급의 문제는 학급마다 다릅니다. 아이들의 기질이 모두 다르기 때문이지요. 아이들의 기질은 쉽게 바뀌지 않기 때문에 학급에서는 비슷한 문제가 반복적으로 일어나는 경우가 많습니다. 뒷담화하는 습관이 있는 아이가 있으면 뒷담화로 인한 문제가 반복적으로 일어나고 비난하는 말을 하는 아이가 있다면 서로의 비난으로 인한 문제가 반복적으로 일어납니다.

하지만 학급 구성원의 특징을 알고 우리 반에 맞게 규칙을 보완한다면 아이들은 학급 생활의 어려움을 나누는 것에서 한발 더 나아가 문제를 개선할 수 있습니다.

소속감을 키우는 동그라미 대화

▌둥글게 앉는다는 것의 의미

둥글게 앉아서 회의하거나 나눔을 하는 것을 '서클'이라고 칭하기도 하는데 이는 모닥불을 가운데 두고 앉아서 대화했던 인디언의 대화에서 유래되었다고 합니다. 끊어지지 않고 연결되는 둥근 대형은 학급의 구성원 모두가 평등하며 존중받는다는 의미를 담고 있습니다.

▌모두의 이야기를 들을 기회

쉬는 시간을 잘 관찰하면 학생들이 친한 학생끼리 삼삼오오 모여서 쉬는 시간을 보내는 것을 볼 수 있습니다. 그러다 보니 이미 친해진 친구들 사이에 들어가기도 힘들고 친하지 않은 친구의 이야기를 들어볼 기회는 더더욱 없습니다. 이런 동그라미 대화는 친하든 친하지 않든 모두의 이야기를 들을 기회를 줍니다. 동그라미 대화의 주제로는 감사, 칭찬뿐만 아니라 오늘 공부한 실천 약속과 앞으로의 다짐, 성찰도 가능합니다.

대화를 위해서는 학생들이 중심점에서 일정한 간격으로 둥글게 앉아 서로를 바라보며 '존중'의 분위기를 만듭니다. 주로 의자만 사용하여 원을 만들기도 하고 바닥에 앉기도 합니다.

＊ 대화의 원칙 ＊
❶ 발언권을 가진 사람만 이야기를 합니다.
  (한 방향으로 돌아가면서 이야기하기, 발표자가 다른
  발표자를 지목하기 등 다양한 방법이 있습니다.)
❷ 발언자를 바라보며 이야기를 경청합니다.
❸ 비밀을 지켜줍니다.

　발언할 때는 발언권을 가진다는 의미를 담는 물건을 가지고 말
하게 되는데, 마이크, 인형, 촛불 등 어떤 것도 가능합니다. 또한
아이들에게 '경청한다'라는 의미를 정확히 알려주어야 합니다. 경
청이란 서로의 눈을 바라보며 공감하는 부분에서는 고개를 끄덕
여야 하며 상대가 말하고 있을 때는 옆 친구와 이야기하거나 발언
하는 내용에 대해 웃거나 말을 덧붙이지 않는다는 것을 뜻합니다.

말이 많은 아이,
이렇게 지도해요

마음속 이야기가 자꾸 밖으로 나와요

말이 많은 아이는 자신의 유쾌한 입담을 뽐내어 주변 사람들이 즐거워하는 모습을 매우 즐깁니다. 하지만 아직 어린아이다 보니 상황과 맥락을 고려하여 적절한 양의 언어로 소통하는 방법을 잘 모르기 때문에 교사는 교육적 언어로 아이를 교육할 필요가 있습니다.

"너 참, 말 많은 아이구나!"라는 수없이 들었을 타박하는 말보다 "말하기를 참 좋아하는 아이구나!" 등의 말로 아이의 기질과 표현 욕구를 먼저 인정해 주세요. 그리고 수업 중 불필요한 말로 불편을 주는 말하기를 계속하면 "조용히 해!"라는 명령에 가까운 말보다, 자신의 지나친 말하기가 때로는 다른 사람을 불쾌하게 할 수 있다는 사실을 인지할 수 있도록 솔직하면서 완곡하게 표현하는 것이 좋습니다. 그리고 아이가 스스로 말을 조절할 수 있도록 말이 길어지거나 불필요한 말이 있으면 아이를 향해 눈을 깜빡이는 등의 아이와 특별한 시각적 약속을 하면 좋습니다. 이런 약속은 아이 스스로 내가 얼마나 말을 많이 하는지 어떤 말이 필요한지 성찰할 수 있고, 교사도 힘들이거나 화내지 않고 온화하게 아이를 지도할 수 있는 방법입니다.

이렇게 다가가요

☑ 때로는 지나친 말이 다른 사람의 마음을 힘들게 할 수 있어.
☑ 선생님이 오늘 몇 번 눈을 깜빡깜빡했는지 세어봐!

목각인형의 빛나는 공동체

우리는 서로 어떤 공통점이 있을까요?

모든 아이가 온전한 소속감을 느끼기 위해 학급 아이들 모두 공동체가 지녀야 할 '미덕'의 가치를 이해하고 있어야 합니다. 그러나 미덕을 지향하는 가치단어가 매우 추상적이다 보니 정확히 이해하기 어려워하며 한국 생활이 아직 낯선 다문화 아이들이나 입학한 지 얼마되지 않은 저학년 아이들은 더더욱 혼란스러워합니다.

따라서 따뜻한 공동체를 만들어 가기 위해 어떤 가치가 필요한지, 생활 속에서 어떻게 실천하며 살아야 하는지 알려주는 활동으로 미덕 보석 찾기와 목각인형의 공동체 활동이 있습니다.

:: 미덕 보석 찾기

학급의 모든 아이가 쉽게 미덕의 가치를 이해하기 위해서 자기 경험과 연결 지어 내 삶에 숨어 있었던 아름다운 미덕 보석을 찾아보는 활동입니다.

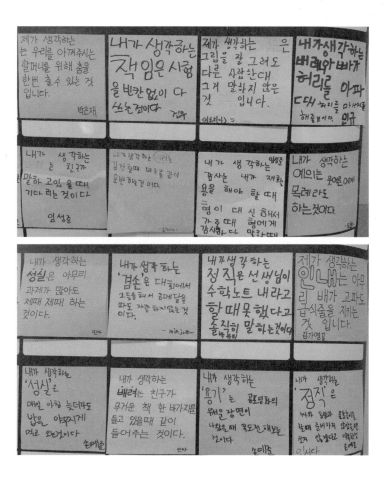

:: 목각인형으로
    미덕 가치를 함께 표현해요

아이들은 소통을 모두가 동그랗게 둘러앉아 서로의 이야기에 귀 기울이며 공감하는 따뜻한 대화를 하는 장면으로 표현합니다.

열정이란 어떤 일에 온 마음을 쏟아서 몰두하는 것을 표현하기 위해 열정을 다한 사람을 친구들이 응원하고 충전을 위해 데리고 가는 것으로 표현합니다.

질서란 누가 시키지 않아도 체육 시간 전 약속한 대로 줄을 서서 준비운동을 하는 것을 표현합니다.

협동이란 서로 마음과 힘을 합쳐 모두가 멋진 결과물을 만들기 위해 노력하는 모습으로 표현합니다.

사소한 다툼을 중재할 때,
이렇게 지도해요

재판관이 되지 말자

교육자로서 교사는 아이의 마음을 만져주는 데 초점을 두어 갈등을 다루어야 합니다. 시시비비를 가리려고 하는 순간 스스로 진흙탕으로 들어가게 되니까요. 어떤 경로로 아이의 다툼을 알게 되었든 서로 씩씩대는 상황에서는 두 아이 모두 교사의 말이 들어오기 만무하니 시간이 다소 걸리더라도 당사자들의 부정적 감정 수치를 먼저 낮추어 주어야 합니다. 이후에 편을 들며 시비를 가릴 것이 아니라, 당사자 아이를 따로따로 만나 아이의 마음에 초점을 맞추어 이야기하며 마음을 털어내는 기회를 주는 것만으로도 충분합니다. 아이의 이야기를 들으며 아이가 속상한 마음을 털어내고 정서적 지지를 받았다는 느낌이 들도록 교사는 "그랬구나.", "속상했겠구나." 등의 말과 함께 비언어적 표현인 끄덕이기, 속상한 표정 짓기 등으로 마음에 대한 공감 표현을 해주는 것이 좋습니다.

이렇게 다가가요

☑ 와~ 정말 지민이가 네가 참 속상했겠다!

☑ 그래서 태우가 그 행동을 했을 때 어떤 마음이 들었니?

☑ 지우가 앞으로 너를 어떻게 대했으면 하니?

☑ 속상한 마음을 이렇게 말로 잘 전달해 줘서 고마워.

마음을 모으는 공동체 놀이

:: 공동체 놀이의 힘

학교에서 친구들과 협력해서 작은 성취를 이루어 내는 공동체 놀이는 즐거움만 선물하는 것이 아닙니다. 친구들과 함께 미션을 성공하게 되면 친밀함이 생길뿐더러 긍정적인 학급 분위기 역시 형성됩니다.

공동체 놀이는 함께 협력하고 서로가 도움을 주고받을 수 있다는 것을 체험적으로 느끼게 됩니다. 그리고 모두가 한마음으로 협력해야 성취가 이루어진다는 것도 느끼게 됩니다.

간단하면서 즐거운 공동체 놀이부터 시작하는 것은 어떨까요?

공동체 놀이를 한 후 피드백한다면 교실이 더 성장할 기회가 됩니다. 그러기 위해 왜 재미있었는지, 아쉬운 점은 없었는지, 다음에 이 놀이를 다시 한다면 어떤 점을 보완하면 좋겠는지 아이들의 이야기를 들어봅니다.

놀이를 통해 협력, 배려, 존중 등의 미덕의 씨앗이 공동체 속에 뿌려질 것입니다.

:: 고리를 엮어 함께 일어서기

이 활동은 친구와 함께 손을 잡고 함께 일어서는 활동입니다. 두 명부터 점점 숫자를 늘려가면서 함께 일어서는 활동입니다. 먼저 두 사람이 발끝을 대고 앉아 손을 마주 잡고 함께 일어나 봅니다.

함께 일어나기 위해서는 서로가 꼭 필요합니다.

네 사람이 발끝을 대고 함께 일어서는 것은 두 사람이 함께 일어서는 것보다는 조금 더 시간이 걸립니다.

- 더 쉽게 일어나는 방법은 없을까?
- "하나, 둘, 셋" 구령에 맞춰 모두 동시에 힘을 주어야 하는구나!

여덟 사람이 발끝을 대고 앉아 손을 마주 잡고 함께 일어나 봅니다. 정말 쉽지 않습니다.

- 아하! 손을 먼 사람에게까지 내밀어서 서로 얽히게 잡아서 일어나면 되는구나!

학급에서의 공동체 활동은 학생들이 힘을 모아 성취하는 것이 목적입니다. 성공하는 것이 목적이 아니라 성공하지 못했을 때도 왜 성공하지 못했는지 생각해 보고 다시 함께 일어서는 것에 그 목적이 있는 것입니다.

:: 고리를 엮어 함께 행복 띠우기

네 명이 모여서 손을 마주 잡습니다. 공을 모은 손 위에 풍선을 얹습니다. 동시에 잡은 팔에 힘을 주면서 공을 띄웁니다. 공이 가는 방향에 맞게 손이 끊어지지 않게 움직입니다.

마주 잡은 손이 끊어지지 않게 마음을 합해서 활동하는 것이 중요합니다. 뛰어오르는 풍선 공의 숫자가 늘어남에 따라서 성취감도 올라가게 됩니다.

우리는 함께할 때 조금씩 더 성장할 수 있습니다.

풍선을 단순한 풍선이라고 생각하지 않고 '우리 반 행복', '감사함', '우리 반 친구' 등 풍선에 의미를 붙여준다면 활동에 더욱 집중하며 참여할 수 있게 됩니다.

이런 공동체 활동을 할 때는 경쟁형 구도를 만드는 것보다 학급 전체의 풍선 공 숫자를 더해보거나 아까보다 1개 더 띄워보는 등 모두가 성취를 경험할 수 있도록 해주어야 합니다. 성공하는 경험이 지속해서 쌓였을 때 교실에 대한 소속감과 학생의 자존감이 높아집니다.

어울리지 못하는 아이,
이렇게 지도해요!

몸은 우리 반인데, 마음이 아니에요

    교실에서는 크게 눈에 띄지 않지만 어딘가 모르게 보고만 있어도 우울감이 느껴지며, 친구와의 사이가 나쁘지도 좋지도 않지만 어울리는 데, 어려움을 겪는 아이가 있습니다. 내향적인 성격이라고 치부하기에는 교실 분위기를 좌우하는 어두운 성향이 크게 뿜어져 나옵니다.

    우울감의 원인을 찾고 치료하는 것은 의사의 역할이고, 아이가 자신의 존재를 드러내도록 도움을 주고 긍정의 기운을 심어주는 것은 교사의 역할입니다. 교사는 아이의 성향을 존중하되 학급의 한 일원이라 여길 수 있도록 공동체 놀이 등을 이용하여 소속감을 심어주어야 합니다. 그러나 친구와 어울림이 적은 아이를 억지로 친구를 만들어 주면 역효과가 날 수 있습니다. 그러므로 아이 스스로 학급에서 할 수 있는 작지만 소중한 역할을 부여하여 학급의 일원임을 인식하고 자신의 존재가 인정받음을 느끼도록 지도합니다. 그리고 스스로 자존감을 회복할 수 있도록 작은 성공 경험의 기회를 자주 부여하는 것이 좋습니다.

　공동체 놀이를 할 때에도 난이도가 높아 실패할 확률이 높은 과제보다는 '한 경기에 토스 한 번 성공하기'와 같이 소소하지만 성취감 높일 수 있는 과제를 제시하여 성공 경험치를 높이고, 과제 완료 후 친구들과 교사의 긍정 피드백까지 이어진다면 자존감과 소속감 두 마리 토끼를 모두 잡을 수 있지 않을까요?

경기에서 져서 화가 난 아이,
이렇게 지도해요

정정당당! 과정이 더 빛나는 멋진 우리 반

　승패가 있는 게임을 하다 보면 누군가는 지는 상황을 경험하게 됩니다. 이때 결과에 승복하지 못한다면 아이들 내에서 다소 껄끄러운 상황이 지속되기도 합니다. 친구가 반칙을 많이 했는데 선생님이 못 보셔서 우리 팀이 지게 되었다 등의 민감한 반응은 아이들이라면 당연히 나올 수 있습니다. 하지만 교사는 아이들이 결과를 인정하고 다음을 기약할 수 있도록 회복탄력성을 길러주어야 합니다.

　승패가 있다면 누구는 이기고 누구는 지게 되는 게 당연하다는 사실을 아이들도 알고 있지만, 받아들이기 힘들어서 이런 태도를 보이는 것입니다. 아이의 이런 마음에 충분히 공감은 해주되 결과에 대한 비아냥은 단호하게 지도해야 합니다. 비아냥은 상대를 존중하지 않는 태도일 뿐만 아니라 우리가 기울였던 노력의 가치를 퇴색하게 만들기 때문입니다. 승패를 떠나 우리가 공들여 기울인 노력만으로도 빛이 나는 경기였다는 점을 강조

하고 노력의 가치를 배울 수 있도록 아이들의 과정에 격려를 해주는 것이
좋습니다.

☑ 결과를 떠나 너희의 노력이 빛나는 멋진 경기였어!

☑ 아주 많이 노력했지만 아쉽게 졌을 뿐이야. 상대방을 비아
냥거리는 것은 우리 노력의 가치가 떨어지는 말이야. 우
리 자신의 품격을 높일 수 있도록 친구의 승리를 축하해
주는 게 어떨까?

함께여서 아름다운 우리 반 협동화

▌ 전체 사진을 채색 협동화로 표현하기

반 전체 사진을 각자 나누어 채색한 뒤 다시 하나로 합쳐 완성하는 협동화입니다. 친구의 모습을 색칠하며 자세하게 살펴보게 되어 잘 몰랐던 친구에 대해 더 다가갈 기회가 되기도 합니다. 모두가 협력해야만 완성이 되는 작품이기 때문에 학생들의 관심과 참여도가 높고 완성했을 때의 뿌듯함을 친구들과 함께 느낄 수 있습니다.

여러 가지 사진 앱(포토스케이프 등)을 활용하여 사진을 분할하여 나누어 준 후 원본 사진의 색을 참고하여 맡은 부분을 채색합니다.

▌ 알리고 싶은 주제를 생태 협동화 표현하기

알리고 싶은 메시지를 정하고 그림 도안을 스케치합니다. 큰 페트병에 구멍을 뚫고 반 아이들과 밖으로 나가 운동장을 도화지 삼아 물로 그림을 그립니다.

모둠별로 구역을 나누어 표현하여도 좋고 하나의 그림을 개별 구역으로 나누어 표현해도 좋습니다. 환경과 인간이 어우러지는 대지미술을 활용하여 혼자서는 만들어 낼 수가 없는 거대한 자연 스케치북인 운동장에 친구와 표현하며 함께 완성하는 기쁨을 느껴봅니다. 저학년의 경우 자연물을 활용한 둥지 만들기를 진행할 수도 있습니다.

'엄석대' 같은 아이,
이렇게 지도해요

너는 학생이고, 나는 교사야

이런 유형의 아이들은 선생님의 머리 위에서 날고 싶어 하는 욕구가 강합니다. 교실에 있는 모든 존재는 자신의 밑에 있고, 손바닥 안에서 쥐락펴락하고 싶어 합니다. 이런 학생일수록 교실 속 힘의 위계를 잘 알고 있으며, 교사에게 지는 모습을 자신의 자존심과 연결해 교사와 대립각을 세우는 경향이 있습니다. 또한 영웅 심리가 강하고 공간의 지배자가 되길 원하는 행동 양상을 보이는 특성이 있습니다.

이런 성향의 아이일수록 교사의 믿음직한 지원군이 될 수 있는 아이러니한 특성이 있습니다. 그러나 내 편이 되기 전 교실 안 위계를 분명히 할 필요가 있습니다. 그리고 교실에서 교사의 역할 및 권한과 학생의 의무와 책임을 분명히 알게 해야 합니다. 교사에 대한 적대적 감정을 해소할 수 있도록 '지원자'임을 꾸준히 상기시키고, 교실 안의 친구들은 자신을 포함하여 모두 평등한 존재라고 지도해야 합니다. 만약 예의와 규범에 어긋나는 행동을 한다면 교사는 꾸짖을 줄 아는 용기도 필요합니다. 이때 아이는 교사에게 훈육받는 것을 자존심과 연결해 자신의 자존심이 꺾인 모습을 대단한 일로 생각할 수 있습니다. 그래서 엄석대 유형의 아이를 꾸짖을 때는 독립된 공간에서 이야기 나누는 것이 좋습니다. 아이의 행동에서 어떤 점이 잘못되었는지, 교사는 어떤 감정을 느끼는지를 포함하여 교실 안에서는 '선생님을 제외한 모든 학생은 평등하다.'라는 것을 꾸준히 강조해야 합니다.

따뜻함으로 만들어 가는 행복공동체

무엇이 당신을 힘들게 합니까?

역설적이게도 사람을 아프게 하는 것도 사람이고 위로를 주는 것도 사람입니다. 교사라는 정체성으로 생각했을 때 우리를 가장 힘들게 한 것도 학생이었고, 또 가장 보람 있고 가치 있는 사람으로 만들어 준 것도 바로 학생이었습니다. 기쁨과 슬픔, 희망과 좌절의 모든 순간에 우리는 학생들과 함께하고 있었습니다.

"선생님, 내년에도 우리 선생님 하면 안 돼요?"

작년에 3학년, 그리고 올해 4학년 담임을 하면서 2년째 함께 하는 다문화 학생에게 들은 말은 한 해가 끝나가는 이 시점에 들은 가장 감동적인 말입니다. '왜 내년에도 우리 선생님이 되어달라고 했을까?' 곰곰이 되짚어 보았습니다. 그 아이는 저에게 시시때때로 자신이 잘했는지 확인하는 버릇이 있습니다.

"저도 잘했어요?"

"○○○가 노력하는 모습이 예쁘다. 이렇게 한 문장이라도 스스로 쓰는 모습이 너무 기특하구나!"

3월 2일에 전화를 했더니 개학인 것을 잊었다며 겉돌던 아이는 이제는 제법 친구들과 노는 재미를 익혀가는 중입니다. 내년에도 이 행복을 지속하고 싶은 이유는 작은 성장에 대한 격려, 공동체로 엮어진 따뜻한 우리의 관계 때문이라는 생각이 듭니다.

"선생님! 수민이가 자꾸 저 째려봐요!"

"현철이가 저를 치고 갔어요."

실수를 의도라며 오해하는 경우, 시간을 거슬러 올라가다 보면 꼭 서로의 감정이 안 좋을만한 사건이 있습니다. 며칠 전, 혹은 한참 전에 친구에 대한 서운한 감정이 남아 있는 상태에서 오해가 시작됩니다. 차가운 감정은 오해를 부르고, 차가운 관계는 갈등의 시발점이 되기도 합니다. 어떻게 하면 학생들끼리 서로 따뜻한 관계를 맺을 수 있게 해줄지는 늘 학급경영의 큰 고민입니다.

"선생님 ○○이 욕해요!"

욕으로 오해했던 샤슬릭이라는 러시아 음식을 이해하기까지 얼마나 많은 이야기가 오고 갔는지 모릅니다. 좋아하는 음식, 주말 이야기, 속상했던 점 등 사소한 이야기들은 서로가 서로를 이해하는 계기가 됩니다. 마음은 보이지 않으니까 표현하고 들어보아야 합니다. 오고 간 모두의 이야기가 거미줄처럼 얽혀 더 친밀한 관계를 형성합니다.

서로 다른 아이들이 어울려서 한마음으로 힘을 합하는 공동체 놀이는 항상 즐겁습니다. 아이들은 실패했다고 울거나 속상해하지 않았습니다. 함께 넘어지면서도 '까르르' 웃으며 즐거워합니다. 아이들에게 행복이라는 것은 성적, 외모, 옷 등 외적인 것에 있는 것이 아니라 '친구와의 관계'에 있다는 것을 또 한 번 느끼게 됩니다.

어떻게 하면 힘을 합해서 종이컵으로 높은 탑을 쌓을 수 있을까? 학생들은 실패하면서도 다시 도전하고 또 배웁니다. 저 역시 그렇습니다. 매년 학급경영은 다른 양상을 보입니다. 학급경영이 정말 힘든 해도 있었지만, 아이들과 정말 잘 맞는 해가 있기도 합니다. 되돌아보면 어려움의 순간에도 다양한 방법들을 적용하면서 배우게 된 것이 분명히 있었습니다.

완벽한 사람이 있을까요? 실수는 배움의 멋진 기회라고 생각하니 조금 마음이 편해집니다. 새내기 시절보다 훨씬 여유 있고 관대해진 제 모습을 봅니다. 아이들을 바라볼 때도 '5학년이면 다 컸지!'라고 생각했던 시절도 있었지만, 지금은 '5학년도 몸이, 마음이, 생각이 자라는 중이다.'라는 생각이 듭니다. 같은 상황에서 아이들을 보는 시선이 달라짐을 느끼면서 나 역시 매일 자라고 있다는 생각이 듭니다.

학급경영 역시 그러합니다. 새내기 선생님일 때는 좋은 방법을 보면 '저 선생님은 대단하다.'라고 생각했었는데 지금은 '나도 한 번 실천해 봐야겠다.'라는 생각이 듭니다. 이것 역시 성장이라고 생각합니다. 오늘도 또 따뜻하면서 힘이 되는 말 한마디를 한 명 한 명에게 건네봅니다.

"철수야, 우리 반에서 네가 있어서 참 행복해!"

7년의 동행 이야기

이야기는 7년 전으로 올라갑니다. 7년 전으로 거슬러 올라가는 이유는 20여 년의 제 교직 생활에 있어 태풍과 같은 일이 그때 있었고, 그로 인해 지금의 교사로서 정체성을 더욱 굳건히 할 수 있었기 때문입니다.

당시 우리 반에서는 친구들의 물건이 없어지고, 찢어지는 등의 일들이 벌어지고 있었습니다. 여느 때와 마찬가지로 자리를 바꾸는 금요일이 되어 친구들은 자리를 옮기고 있었습니다. 그런데 한 친구는 불만 가득한 표정으로 자리를 바꾸지 않겠다고 버티고 있지 않겠어요? 새롭게 그 자리에 올 친구가 자리 좀 비켜달라고 여러 번 얘기했지만, 그 아이는 꿈쩍도 하지 않았습니다. 그 상황을 지켜보고 있다가 중재해야겠기에 "자리를 좀 옮기는 게 어떠니? 친구가 기다리고 있잖아."라고 하는 순간 책상 속 책을 빼내어 책상에 내리치며 입에 담지 못할 욕을 저에게 내뱉는 것이 아니겠습니까? 방과 후에 반성문을 적고 훈계한 후 집으로 보냈습니다.

당시 그 아이에 대한 제보가 끊이지 않을 때였는데 절도 건도 몇 차례 있었습니다. 이 아이가 친구 집 도어락 번호를 외워두었다가 친구가 학원 간 사이 친구 집에 몰래 들어가 물건을 훔치는 것을 친구 어머니가 일찍 퇴근하면서 들키는 일이 있었습니다. 교실에서 친구 물건을 훔치는 것을 제가 목격한 건도 있고 자기 것이라고 우기며 찢는 일도 있었기에 부모님의 면담을 요청해 둔 상황이었습니다.

월요일 아침 저는 여느 때와 마찬가지로 아침 일찍 교실에 와서 아이들 책상을 닦고 있었는데, 교감 선생님께서 큰일이 났다며 다급히 말씀하셨습니다. 학부모가 '아동학대'로 신고했다며, 신문고에 4페이지 빡빡하게 써 내려간 10여 가지의 아동학대 신고 사유가 있었다고 합니다. 신문고에는 "학생을 향해 책상을 집어 던진 폭력 교사를 신고합니다."라는 자극적인 제목으로 올라왔다고 합니다. 아무리 생각해도 욕설을 한 것에 대해 훈계한 것 외에는 없는데 아동학대로 신고를 당했다는 것이 억울하기만 했습니다. 교육청에서는 급히 장학사 한 분이 파견되셨고, 저와 아이들은 분리되어 조사받았습니다. 다행히 학부모와 주고받았던 문자메시지와 상담일지가 다 있었고 통화내용도 모두 저장되어 있었습니다. 신고한 학부모와 학생은 종합병원에 가서 정밀 검사를 받으며 저를 교육계에서 추방하겠다고 으름장을 놓았습니다.

첫날에는 너무 억울해서 잠이 오질 않았는데 이튿날이 되니 아무리 냉정하게 생각해도 제가 잘못한 것이 없었고, 반 친구들이 그 상황을 목격했었기 때문에 마음이 첫날만큼은 혼란스럽지 않았습니다. 해당 학생 부모는 어떡하든지 저를 공격하며 뭔가를 요구하려 했습니다.

뒤늦게 알게 되었지만 제가 크게 요동하지 않자 해당 학생 학부모는 다른 부모들을 섭외하여 동조를 얻어내려 했고, 다른 스물여섯 명의 부모 모두가 나를 변호하자 결국 그 부모는 다른 지역으로 전학을 갔습니다. 이를 계기로 저는 아이들과 학부모와의 평소 관계가 얼마나 중요한지 알게 되었습니다.

이듬해에는 친구들의 운동화에 몰래 오줌을 싸고 친구 물건을 찢어놓고, 자기의 책과 공책에 붉은색 볼펜으로 어지럽게 낙서하는 친구가 있었습니다. 또 분노 조절이 있는 친구도 만났습니다. 두 친구 모두 매일 아침 아이들의 책상을 닦으며 눈을 마주쳤고, 특히 손을 잡고 운동장을 걸으며 대화를 이어 나갔습니다. 이 친구들의 이야기를 들어주며 격려하는 것이 저의 몫이었습니다. 어머니들을 설득하여 전문 상담사와 상담하며 치료해 나갔고 2학기 때 이 두 아이 모두 몰라보게 달라진 모습으로 수업에 참여해서 친구도 많아지며 행복한 학교생활을 할 수 있었습니다. 아동학대 고소 사건 이후에 웬만한 아이들은 다 사랑스러워 보였습니다.

학교를 옮긴 후 저에게는 더 큰 선물이 기다리고 있었습니다. 그해에는 동 학년 구성이 대부분 새로 전입해 온 선생님으로 꾸려졌습니다. 이유는 전년도에 학생이 담임 선생님을 폭행하는 사건이 그 학년에 있었기 때문이었습니다. 코로나19로 인해 그해는 가볍게 넘어갔지만, 이듬해도 그다음 해도 부적응 학생의 담임하기를 두려워하는 동료 선생님 앞에서 용기를 내 그 학생뿐만 아니라 자해 학생을 자발적으로 맡았습니다. 아나나 다를까 3월부터 학교폭력사건이 발생하였고 저는 경찰로부터 새벽에도 전화 받으며 아내에게 교직을 그만두라는 권고까지 받았습니다. 이 아이들과 끊임없이 대화하고 보듬으며 1학기를 보내니 2학기에는 그나마 폭력 학생들은 저와 대화할 수준이 되었고 자해 학생도 꿈이 생겼다며 나중에 커서 상담 선생님이 되어 선생님 앞에 나타나겠다고 합니다. 졸업식 날 이 녀석들은 저를 안고 울고불고하며 감사를 표했습니다. 스승의 날이면 이 아이들이 찾아와 그때 이야기를 풀어냅니다.

올해는 작년까지 저에게 너무나 큰 파도와 같은 일이 벌어졌기에 이보다 더할 수는 없겠다는 안일한 생각을 가지고 학기를 맞이했는데, 상상을 초월할 만한 일이 벌어졌습니다. 현재 진행형이라 다 설명할 수는 없지만, 이 또한 저는 벽이 아닌 문이라는 선물로 받아들이게 됩니다. 아리스토텔레스가 말했던가요? 설득에 있어서 3가지가 있는데 논리, 공감, 사람됨이 있다고. 논리로 설득되고, 많이 공감해 주는 것도 중요하지만 교사가 어떻게 살아가는가가 아이들을 가장 행복하게 변화시키는 열쇠라고 오늘도 되뇌어 봅니다.

파커 J. 파머가 말한 가르침의 용기는 어쩌면 아이를 아이로 보고 그들이 함께하자고 하는 신호들이 때로는 과격할지라도 그것을 진심으로 받고 아이들의 세계로 들어가는 것이라고 이 순간 고백하게 됩니다.

4

성찰,
성장을 이끌다

고군분투한 나에게
이만하면 잘했다는 격려와 함께
아낌없는 박수를 보내본다.

오늘보다 더 나은 내일을 맞이하기 위한
내면의 힘을 비축해 보자.
성장하지 않는 해는 없다.

★

성찰하는 아이가
성장할 수 있다
-긍정적 시각의 힘

성찰이란 사전적인 의미로 '마음속으로 깊이 반성하여 살피는 것'입니다. 우리는 어떤 문제가 일어나면 외부에서 원인을 찾으려고 하고 나의 문제에 대해서는 제대로 살피려고 하지 않습니다.

자기 자신에 대한 반성이 일어난다면 앞으로 그 실수를 반복하지 않고 다음에는 지금과는 다른 모습의 나로 살겠다는 약속을 하게 됩니다. 그리고 나에게 한 약속을 지키는 성공 경험은 자신이 속한 공동체의 성찰로 확대되게 됩니다. 그러기 위해 우선 짧은 순간이라도 자기 성찰을 위해 자신을 돌아보는 시간이 필요합니다. 왜냐하면 마음에 쉼이 있어야 걸어온 길을 돌아볼 수 있는 힘이 생기기 때문입니다.

누워서 자는 것도 쉼이 될 수가 있고 좋아하는 게임을 하거나 보고 싶은 영상을 유튜브로 보는 것도 쉼이라고 할 수 있지만 지금 우리에게 무엇보다 필요한 쉼은 내가 누구인지, 내가 좋아하는 것은 무엇이고 앞으로 내가 진정으로 바라는 것이 무엇인지 등 나에게 집중하고 바라보는 시간입니다.

사회에서 일 잘한다고 인정받는 사람일수록 길을 걸을 때도 책상에 앉아 일할 때도 집안일을 할 때도 밥을 먹을 때조차도 머릿속은 그다음 어떤 일을 해야 할지 결정하고 있으며 그 일을 어떻게 효율적으로 실행할지에 대해 고민합니다.

힘든 일이 끝나면 쉬겠다고 마음을 먹어보지만 쉼이 일어남과 동시에 불안감이 엄습해 옵니다. 내가 쉬고 있는 동안 남들이 더 앞서 나가고 성장하고 있다는 생각에서 오는 불안감일 것입니다. 무한경쟁에서 살아남기 위해서는 선택을 받아야 하기 때문에 현대를 살아가는 누구나 겪는 어려움입니다.

아이들 역시 바쁘게 돌아가는 일과를 따라가느라 시간이 부족하기도 하고 일과가 여유로운 아이들은 자신을 돌아보는 습관이 자리 잡히지 않아 허투루 시간을 보내기도 합니다. 인간이 동물과 다른 점은 꽤 많겠지만 인간만이 가지는 특별함은 자신을 돌아볼 수 있는 존재, 즉 자기 성찰을 하는 존재라는 점입니다.

::   그러면 교사는 아이들이
         무엇을, 어떻게 성찰하도록 안내해야 할까요?

 사람은 본능적으로 어제를 되돌아볼 때 긍정적인 부분이 먼저 떠오르는 것이 아니라 '내가 그 친구를 그때 만나지 말았어야 했어.', '그걸 선택하지 말았어야 했어.', '그때 더 일찍 나갔어야 했어.' 등 후회가 되거나 실패를 경험한 것을 먼저 떠올리게 됩니다.

 "생각대로 살아가지 않으면 살아가는 대로 생각하게 된다."는 말이 있습니다.

 떠오르는 생각을 인정하는 것이 성찰이 아닙니다. 떠오르는 생각으로 인해 부정적인 감정이 들 때 긍정적 시각으로 세상을 바라보는 힘이 필요합니다. 긍정적 시각으로 나를 바라보는 과정이 바로 자기 성찰 과정입니다.

 특히 초등학생은 살아가는 환경의 영향을 누구보다 민감하게 받아들이는 시기로 부모님의 생각과 가정의 분위기가 아이의 성장 환경의 틀로 굳어지기 쉽습니다.

 어른들의 사고가 아이 삶의 가치로 굳어져 자기 성찰이 자책하는 것으로 변질되거나, 반대로 반성할 대상을 내가 아닌 남으로 돌리기도 합니다. 교사는 이런 아이들의 사고를 바로잡아 주어야 할 의무가 있습니다.

자기 성찰을 하지 않는 아이들은 자신이 잘하지 못한 것에 대해 무능하다고 생각하여 유능하게 보이는 아이들과 비교하면서 좌절감을 느끼게 됩니다.

반면에 내면을 들여다보는 시간을 충분히 가진 아이들은 내가 한 실수들을 나의 단점이라고 생각하며 괴로워하지 않습니다. 오히려 발전의 기회로 생각하며 새로운 목표를 만들어 냅니다.

자기 성찰이 자기 삶에 습관처럼 자리 잡기 위해서는 기나긴 연습이 필요합니다. 내가 누구인지 알고 지금껏 무엇을 배워왔는지 돌아보는 과정을 끈기 있게 관리해 주는 교사를 만난 아이들은 몰라보게 발전된 모습으로 교사 앞에 다시 찾아올 것입니다.

나를 돌아보는 시간

감정 일기로 성찰도 즐겁게

일기 쓰기 어떻게 지도하고 계신가요? 하루 종일 있었던 일만 일기장에 쓰도록 하고 있지 않나요?

아이가 스스로 감정을 기록하게 하는 것은 어떨까요? 이것은 삶에 대한 긍정적인 태도, 자기 성장, 마음의 부담 해소, 감정관리, 자기 이해 등 자기 성찰에 유용한 부분이 많습니다.

자기 이해를 기반으로 하여 자기 성찰과 성장을 가지고 오는 감정 일기, 어떻게 쓰면 좋을까요?

<아침 활동 시간마다 선생님, 친구들과 함께 감정 그림일기 쓰기>

▌첫째, 감정 풍부하게 표현하기

현재 또는 과거에 느낀 감정을 자유롭게 표현합니다. 기쁨, 슬픔, 분노, 불안 등 다양한 감정을 표현해 봅니다. 글뿐만 아니라 그림으로 표현해 보는 것도 좋습니다.

<2학년 다문화 여학생의 감정 일기>

❚ 둘째, 상황 설명하기

감정이 일어난 상황에 대하여 자세한 설명을 추가합니다. 무슨 일이 있었는지, 누구와 어떤 상황에서 그런 감정을 느꼈는지를 기록합니다.

❚ 셋째, 특별한 순간 기록하기

특별한 순간이나 인상 깊은 경험을 기록하면 시간이 흘러 그 순간을 생생하게 기억하고 추억할 수 있습니다.

감정 일기는 학생들의 개인적 성향에 따라 다양하게 작성될 수 있습니다.

중요한 것은 자유롭게 감정을 기록하고, 그것을 통해 자신을 더 잘 이해하고 앞으로의 발전된 삶을 계획해 나가는 것입니다.

▌ 손바닥 감정 카드로 마음 성찰하기

자신의 하루를 돌아보며 손바닥 감정 카드를 만들어 친구들과 감정을 나누어 볼 수도 있습니다.

〈손바닥 감정 카드 앞면에는 그림으로 감정 표현하기〉

〈손바닥 감정 카드 뒷면에는 감정을 글로 표현하기〉

:: **감정 일기 쓰기를**
   지도할 때의 주의할 점은 무엇일까요?

◈ **솔직하게 써야 해요.**

솔직하게 감정을 기록해야 더 나은 자기 이해와 성장을 이룰 수 있습니다.

◈ **자신만의 스타일을 찾을 수 있도록 다양한 방법으로 일기 쓰기를 시도해 보세요.**

학생들이 글쓰기, 그림 그리기 등 자신의 감정을 표현하는 데 가장 효과적인 표현 방법을 찾을 수 있도록 도움을 주세요.

◈ **부정적인 감정을 기록하는 것도 중요하다는 것을 알려주세요.**

어떤 일이 어려웠는지, 왜 슬펐는지에 대한 기록은 성장과 자기 이해에 도움을 줄 수 있습니다.

◈ **현재의 감정과 상황에 집중하여 쓰도록 하세요.**

다른 사람과 비교하거나, 고민에 너무 많은 시간을 쓰지 않아야 자신의 감정을 제대로 마주하고 성찰할 수 있습니다.

◈ **일정한 시간에 쓰면 좋아요.**

가능하면 정해진 시간에 매일 일기를 쓰는 습관을 지닐 수 있도록 합니다.

◈ **쓴 일기를 주기적으로 다시 읽어보게 하세요.**

나의 감정과 생각이 어떻게 변해왔는지를 파악할 수 있고 더 나은 삶을 계획할 수 있어요.

부끄러움이 많은 아이,
이렇게 지도해요

사실은 저도 선생님과 친해지고 싶어요

부끄러움이 많은 아이는 교실에서 자기주장을 강하게 펼치는 것에 두려움이 많기에 학기 초에 눈에 잘 띄지 않습니다. 마치 인내심이 많아 모든 것을 해내는 아주 성실한 아이로 보여서 교사의 '특별한' 관심을 받지 못하고 한 해를 끝내는 아이도 있을지 모르겠습니다.

이 아이는 정말 교사의 관심을 받고 싶지 않을까요? 사실은 선생님께 다가가는 것이 부끄럽고 방법을 잘 몰라서 주춤거리거나, 모든 걸 해내는 것으로 자신의 존재를 드러내고 있는 것은 아닐까요?

부끄러움이 많은 아이와 라포르를 형성하기 위해 마음 온도를 올리려고 다소 입체감 있거나 깊은 대화(기분, 가족 등)를 시도한다면, 이런 성향의 아이는 빨리 지치거나 숨어 들어갈 수 있습니다. 그러므로 아이의 기본 성향을 존중하며 조금 밋밋할 수도 있겠다 싶은 일상 대화로 아이와 라포르를 먼저 형성하는 것이 좋습니다. 또한, 아이는 교사의 소박한 피드백에도 큰 감동을 받는 성향이므로 교사의 진심이 담긴 담백한 말로 아이의 마음에 큰

울림을 줄 수 있습니다. 그리고 아이가 자신의 성향을 긍정적으로 받아들일 수 있도록 용기 낸 한마디에 건네는 교사의 격려도 아이의 자람에 큰 도움이 됩니다.

나는 어디쯤 왔을까?

한 학기를 마무리할 때 우리 아이들에게 어떤 성찰의 경험을 줄 수 있을까요?

한 학기 동안의 학생 스스로 잘했던 점과 부족했던 점을 되돌아보는 활동을 통해 자신의 성장을 느껴봅시다.

학생들에게 자기 평가지를 배부하고 자기 모습을 돌아보며 평가할 수 있는 시간을 충분히 제공합니다. 이때 학습, 생활 습관, 교우관계 면에서 자신의 생활을 1~5점의 점수를 주며 평가해 봅시다. 자기 평가지의 1학기와 2학기의 평가 결과를 누적하여 서로 비교해 보아도 좋습니다. 또 1학기 평가 결과를 참고하여 2학기 생활을 위한 상담 및 참고 자료로도 활용할 수 있습니다.

6	책상 속, 사물함 정리를 잘 합니다.	1	2	3	4	5
7	쉬는 시간, 점심 시간에 교실이나 복도에서 장난을 치지 않습니다.	1	2	3	4	5
8	교실이나 복도에서 시끄럽게 떠들지 않습니다.	1	2	3	4	5

평가한 내용을 바탕으로 한 학기를 보낸 자신의 소감을 쓰고 앞으로의 다짐을 작성해 봅니다.

나의 1학기를 돌아보며

최대한 솔직하게 나의 학교생활을 평가해봅시다!

3 학년 1 반 이름: 김규리

1학기 동안 나의 학교 생활을 되돌아보며 스스로 평가해봅시다.

1	나는 1학기 동안 스스로 독서하는 습관을 가지게 되었습니다.	1	②	3	4	5
2	수업을 시작하기 전에 스스로 교과서와 공책을 준비합니다.	1	②	3	4	5
3	수업 시간에 선생님의 말씀을 경청합니다.	1	2	3	④	5
4	발표에 적극적으로 참여하고 다른 친구의 말을 경청합니다.	1	2	③	4	5
5	모둠 활동에 적극적으로 참여하고 나의 의견을 말합니다.	1	2	③	4	5
6	책상 속, 사물함 정리를 잘 합니다.	1	2	3	④	5
7	쉬는 시간, 점심 시간에 교실이나 복도에서 장난을 치지 않습니다.	1	2	3	④	5
8	교실이나 복도에서 시끄럽게 떠들지 않습니다.	1	2	③	4	5
9	학교 내 여러 시설에서 질서를 잘 지킵니다.	1	2	3	④	5
10	책, 공책, 책상 등에 낙서를 하지 않고 깨끗하게 사용합니다.	1	2	③	4	5
11	다른 친구들과 싸우지 않고 사이좋게 지냅니다.	1	2	3	4	⑤
12	친구들에게 쉽게 화를 내거나 짜증을 내지 않습니다.	1	2	3	4	⑤
13	다른 친구들을 먼저 도와주고 배려하기 위해 노력합니다.	1	2	3	4	⑤
14	다른 친구의 말을 경청하고 차분하게 대화하기 위해 노력합니다.	1	2	③	4	5
15	친구가 없는 곳에서 친구를 험담하거나 따돌리지 않습니다.	1	2	3	④	5

총점	학습 습관(1번~5번)	24 점
	생활 습관(6번~10번)	22 점
	교우 관계(11번~15번)	23 점
	합계	63 점

1학기를 보낸 소감과 2학기를 위한 나의 다짐을 써 봅시다.

1학기 소감은 처음 레는 친구들 닣랑 맣이 어색했는데 시간
이 지나고 보는 많은 친구들 이랑 사이가 좋아져고 선생님 그
리고 싱킹맵을 하는게 재미있었다. 2학기 나의 다짐은
2학기에는 선생님 말씀도 경청을 1학기보다 더 잘 들을거
고 친구들 이랑 도 사이좋게 지낼 것이다

〈한 학기 동안 자신의 성장을 돌아보는 자기 평가지〉

버킷리스트로 내 삶 디자인하기

'버킷리스트로 내 삶 디자인하기'는 학생들이 자기 주도적으로 하고 싶은 일들을 친구들과 함께 다양하게 생각해 보고 자신이 하고 싶은 과제를 고르는 활동입니다.

교사가 제시하는 과제에서 벗어나 학생들이 자기를 돌아보며 자신이 하고 싶은 일을 찾아 '내 삶의 주인공'이 되어보는 건 어떨까요?

나의 방학 버킷리스트

학년 반 이름:

버킷리스트란?
꼭 한 번 꼭 해 보고 싶은 것들을 정리한 목록을 말합니다. 여러분들도 방학동안 꼭 하고 싶은 일들을 친구들과 함께 생각해보고 정리해 봅시다.

대주제:	대주제:	대주제:
하고 싶은 일	하고 싶은 일	하고 싶은 일
☐ ☐ ☐	☐ ☐ ☐	☐ ☐ ☐

대주제:	대주제:	대주제:
하고 싶은 일	하고 싶은 일	하고 싶은 일
☐ ☐ ☐	☐ ☐ ☐	☐ ☐ ☐

버킷리스트를 실천하기 위해 필요한 것을 생각해봅시다.
_____
_____

나의 버킷리스트 실천 정도를 평가해봅시다.

실천한 일의 갯수	나의 실천 수준은?
	☆ ☆ ☆ ☆ ☆

완벽주의 아이,
이렇게 지도해요

스스로 채찍질하는 게 얼마나 힘든지 아세요?

철학자 칸트는 정확한 일과 시간표를 지키며 다녀 주변인들이 칸트의 동선을 보고 시간을 맞출 수 있었다고 합니다. 완벽주의를 지향하는 아이는 칸트의 성격과 유사하며, 겉으로 보기에는 반듯하고 이성적이며 학업 성적이 우수한 모범생같이 보일 수 있습니다.

하지만 이렇게 '완벽한' 아이들도 나름의 고충이 있습니다. 자신이 정한 틀 혹은 교사가 정한 틀 안에서 조금이라도 벗어나면 마음 한편이 불편해지고, 실패하거나 누군가에게 부정당하는 것을 두려워하여 자신을 끊임없이 채찍질하고 있습니다.

이런 아이는 스스로 긴장을 낮추는 연습과 회복탄력성 향상을 위해 건강한 좌절을 경험하는 것이 좋습니다. 교사는 아이가 긍정적 자아를 형성하도록 "너는 정말 괜찮은 사람이야."라고 이야기해 주며 아이가 자신을 조금 더 사랑할 수 있게 도움을 주는 것이 좋습니다. 그리고 아이가 스스로 세운 경계의 벽이 조금 더 유연해지도록 실수하는 모습이 오히려 인간적이며 당연

하다는 걸 꾸준히 이야기하며, 교사가 겪은 실패담을 이야기해 주는 것도
아이에게는 도움이 됩니다.

나의 학급경영 돌아보기

'나의 학급경영 돌아보기'는 1년 동안 학급을 경영하면서 실천했던 활동들을 돌아보고 반성하며 다음 학급을 운영하기 위해 준비하는 활동입니다. 만다라트 기법[2]을 활용하여 학급경영의 대주제를 정하고 실천했던 내용을 하위 주제로 적어가며 지난 활동에 대해 되돌아보고 반성하는 기회를 가집니다.

:: 만다라트 기법으로 어떻게 나만의
   학급경영 체크리스트를 만들 수 있는지 알아볼까요?

첫째, 학급경영과 관련된 여러 가지 대주제를 떠올려 보고 대주제와 관련하여 실제로 실천한 내용들을 씁니다.

학급 환경 꾸미기	아이들과 관계 만들기	학습 지도하기		정리 습관 만들기	복도 통행 지도하기	이동 질서 지키기
생활 습관 만들기	학급 경영하기	학부모 상담하기		1인 1역 지도하기	생활 습관 만들기	
수업하기	교우 관계 형성하기	학급 자치활동하기				

· ·

2 Manda+La(목표달성)+Art(기술)의 결합 단어로 목표를 달성하는 기술이란 뜻으로 목표달성 기법이다. 9개 정사각형 정중앙에 핵심 목표를 적는다.

둘째, 학급경영 만다라트를 완성한 후, 한 해 동안 좋았던 점, 아쉬웠던 점 등을 떠올려 보며 성찰하도록 합니다.

▌ 만다라트 기법 활용 시, 어떤 점을 주의해야 할까요?

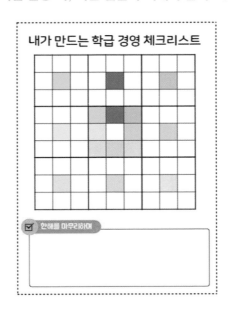

◈ 목적 명확히 이해하기
◈ 적절한 색상 사용하기(너무 많은 색깔은 지양)
◈ 하위 항목의 균형 유지하기
◈ 논리적이고 구조적인 흐름 유지하기
◈ 수정과 업데이트를 유연하게 고려하기
◈ 초기 계획표와의 일관성 유지하기

선생님 성장 이야기, 교사 포트폴리오

교사 포트폴리오는 교사의 경험과 노력을 체계적으로 기록하고 지속적인 성찰과 개선을 통해 학급경영 역량과 전문성을 향상시킬 수 있도록 도와줍니다. 그리고 학부모와의 상담이나 학교 공개의 날을 통해 포트폴리오를 학생과 학부모에게 공개함으로써 교사의 열정과 전문성을 보여줄 수 있고 교사에 대한 신뢰감을 형성할 수 있습니다.

한 해 동안의 교육 실천과 성찰을 담은 포트폴리오를 통해 학생들과 함께 성장하는 나를 발견해 볼까요?

〈매년 포트폴리오에 교육 실천 활동 기록하기〉

:: 교사 포트폴리오에는
어떤 내용을 담으면 좋을까요?

  첫째, 학생들의 결과물을 통해 제시한 자료의 적합성, 지도 방법의 적절성 등을 돌아보며 성찰한 내용을 기록해 둡니다. 이는 다음 수업을 위한 연구에 반영되어 발전의 밑거름이 됩니다.

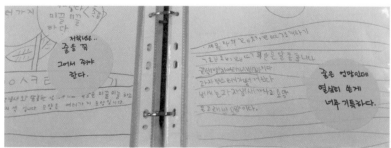

〈학생들의 결과물을 통해 자료의 적합성, 지도법 성찰하기〉

둘째, 학생들의 결과물, 또는 교사가 시범을 보인 활동 내용 중 잘된 부분이 있으면 사진이나 스캔본으로 기록해 둡니다. 다음 해 학생들 지도 시 좋은 모델링 사례가 될 수 있고 차후 교사의 연구에도 도움이 됩니다.

〈학생들에게 시범을 보이며 함께 쓴 교사의 감정 일기〉

셋째, 1년간 학급을 경영하면서 도움이 되었던 도서 목록, 참고 지도안, 논문, 등을 기록해 둡니다. 공개수업 지도안과 수업 참관록 (동료 선생님, 학부모)도 자신의 부족한 점과 강점을 파악하는 데 도움이 되고 추후 개선되거나 발전한 부분을 비교해 볼 수 있습니다.

매일 자라는 아이들의 자람을 지켜보는 것만큼 행복한 일은 없습니다. 기적 같은 성장을 보여주는 아이들만큼 교사도 함께 자라고 있음을, 그리고 그 귀한 성장은 작은 성찰에서부터 시작됨을 기억합시다.

우리가 함께 자라는 시간

작심삼일, 함께 이겨내기

'좋은 습관 프로젝트'는 아이들이 자기 주도적으로 좋은 습관을 고르고 스스로 실천하는 활동입니다. 소통과 피드백을 통해 계획했던 여러 가지 습관들을 잘 실천하고 있는지 성찰하며 실천 의지를 잘 다져나갈 수 있도록 합니다. 그리고 자칫 나태해지기 쉬운 방학 동안에도 학급 SNS를 통해 친구들과 자신의 생활을 성찰하며 좋은 습관을 다져볼 수 있습니다.

:: 성공적인 '좋은 습관 프로젝트'를 위해
   가장 중요한 것은 무엇일까요?

▌긍정적인 피드백과 성공 경험입니다

새로운 습관을 형성하는 데 있어 흔히 겪는 문제는 바로 실천력 부족입니다. 흔히 '작심삼일'이라는 말로 표현할 수 있는데, 교사 또는 부모님의 긍정적인 피드백과 아이의 실천 성공 경험을 통해 습관을 꾸준히 실천하는 것에 대한 긍정적 인식을 가질 수 있도록 도와주는 것이 매우 중요합니다.

:: 새로운 습관을 실천하고 스스로 성찰 및 평가하면서
   좋은 습관이 내면화될 수 있도록 해볼까요?

첫째, 기르고 싶은 생활 및 학습 습관을 1개씩 선택하고, 좋은 습관 프로젝트에 참여하는 자신만의 각오를 동영상으로 촬영 후 패들렛에 업로드합니다.

둘째, 아이들이 매일 자신의 습관 실천 내용을 확인하고 스스로 평가합니다. 패들렛에 자신이 실천한 사진을 탑재할 수도 있습니다.

셋째, 가정에서 실천한 모습을 학부모님과 함께 확인하고 '잘함, 보통, 노력 요함' 등의 척도를 활용하여 꾸준하게 자신의 실천 정도를 평가할 기회를 제공합니다.

〈좋은 습관 프로젝트를 위한 실천 계획표〉

:: 방학도 성찰의 기회로

아이들이 방학 중 스스로 방학 생활을 알차게 보내고 있는지 걱정되신 적 없으신가요? 아니면 개학 후 방학 동안 아무것도 한 게 없다고 말하는 아이를 보신 적 없으신가요?

방학 중 겪은 사소한 일이라도 친구들과 이야기 나누며 자신을 돌아본다면 소중한 성찰의 기회가 됩니다.

첫째, 방학 동안 있었던 일들에 대한 키워드를 적습니다. 사소한 일이라도 자신의 방학 생활을 알리는 키워드가 될 수 있음을 알려주는 것이 아이들이 적극적으로 활동에 참여할 수 있게 하는 비결입니다.

나의 방학 생활을 나타내는 핵심 낱말을 마인드맵에 적어봅시다.

( )의
여름 방학

둘째, 친구들과 만나 이야기하기를 원하는 키워드를 서로 선택하고 주어진 시간 동안 이야기를 합니다.

함께 회복하는 학교생활 리듬

   긴 방학 동안 학생들의 생활 리듬은 가정에서 생활하는 데 적응이 되어 있어 2학기를 시작했을 때 이를 다시 학교생활에 맞추기란 쉽지 않습니다.

::   정서, 일상, 학업 측면에서 지난 활동들을
     되돌아봄으로써 학교생활 리듬을 회복해 보는 건 어떨까요?

❚ 정서 리듬 회복하기

개학을 맞이하는 너의 기분은? 두근두근 2학기 다짐!
2학기를 시작하며 느끼는 나의 기분과 2학기 다짐을 나타냅니다.

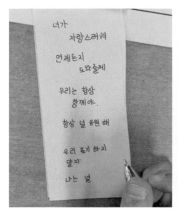

〈라벨지로 직접 만드는 토닥토닥 응원 스티커〉

나의 2학기 다짐을 말해볼게!

다른 친구들에게 격려의 말과 함께 스티커를 붙여 응원해 줍니다.

재미 삼아 해보는 새 학기 응원 카드 뽑기!

'행운의 카드'처럼 새 학기 때 학생들을 응원하는 내용의 카드를 뽑아봅니다.

▌ 일상 리듬 회복

아이들이 일상 리듬을 회복하기 위해 1학기 생활을 되돌아보며 학급살이에 필요한 것을 생각하는 시간을 가집니다.

> **✱ 아이들과 함께 확인할 내용은? ✱**
> ☐ 학급 공동목표   ☐ 1인 1역
> ☐ 학급 루틴   ☐ 1학기 때와 달라진 점

▌ 학업 리듬 회복

아이들과 함께 평소에 교실에서 공부했던 습관이나 방법 등을 알아보고, 2학기 때 공부할 내용을 마인드맵, 주제망으로 만드는 등의 활동을 할 수 있습니다.

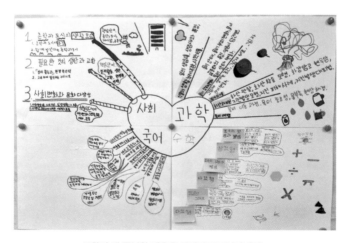

〈2학기 때 공부할 내용을 주제망으로 나타내기〉

소란함을 다듬을 때,
이렇게 지도해요

긴말보다 짧은 침묵

샐러드처럼 모여 있는 교실 공간에 자신 혼자만 있는 듯 큰 소리를 내거나 과격한 놀이를 하는 등 어울리지 않는 행동을 하는 아이가 있으면 교사는 어떻게 해야 할까요?

이때는 긴말로 아이를 설득하거나 지도하는 대신 아이에게 가까이 다가가 지그시 보고 있는 것만으로도 큰 효과가 있습니다. 아이가 눈치를 채고 조금 조용해졌을 때 "선생님이 왜 너를 보고 있었다고 생각해?"라는 물음으로 아이와 이야기를 나눕니다. 다른 아이들도 같이 휴식하는 공간에 너의 큰 소리와 행동이 다른 친구의 휴식 시간을 방해했다는 사실을 알리고, 모든 친구가 잘 쉴 수 있으려면 어떻게 해야 하는지 직접 물어보세요.

이미 아이는 자신이 어떻게 대답해야 할지 알고 있습니다. 이제 교사는 이런 아이에게 스스로 지킬 기회를 주면 되고, 행동을 격려하면 됩니다. 앞

으로도 잘 지켰을 때 아이를 향한 긍정적 피드백을 곁들인다면 긍정 행동이
더욱 강화될 수 있을 것입니다.

이렇게 다가가요

- ☑ 도아의 행동이 다른 친구들에게 크게 방해가 되었겠구나.
  친구들에게 어떤 마음이 드니?
- ☑ 교실은 함께 지내는 공간이니 다른 친구들도 잘 쉴 수 있
  게 정우가 조금 배려해 주면 좋겠어.

우리 반 플레이리스트

한 해가 저물어 가는 12월, 모두 어떻게 마무리하고 계신가요? 진
도가 늦은 과목 수업하느라 또는 학년 말 성적처리를 하는 등 1년을
정리할 준비를 하시나요?

**친구들과 함께 울고 웃었던 한 해를 돌아보며 자신만의 소감을 플
레이리스트로 정리해 보는 건 어떨까요?**

공유 게시판 공간(패들렛 또는 위두랑 등)을 활용하여 아이들의 플레
이리스트를 올릴 수 있는 보드를 만들고, QR코드 및 링크 주소 등
으로 제시합니다.

아이들은 선생님과 친구들에게 들려주고 싶은 자신만의 플레이리
스트를 만들고, 소개 글과 지난 1년을 돌아본 내용을 함께 올립니다.

구글 클래스룸 같은 학급 온라인 플랫폼이 없더라도 QR코드를 출력하여 교실에 게시해 두면 학생들이 언제든지 자신의 플레이 리스트를 올릴 수도 있고 친구들의 플레이리스트를 감상할 수도 있습니다.

다른 친구들이 올린 플레이리스트들을 듣고 글을 읽으며 소감을 쓰거나 다양한 피드백을 하며 한 해를 성찰해 보도록 합니다.

:: 플레이리스트 활동 시, 유의할 점은 무엇인가요?

◈ 우리 반 플레이리스트의 주제에 맞는 노래를 선택하도록 해주 세요. 자신이 좋아하는 노래를 소개하는 것이 아니라 우정, 성 장 등 주제에 알맞은 노래를 소개하면 좋아요.

◈ 알림장 등을 통해 학부모님들과 공유하거나 함께 활동해도 좋아 요. 우리 반 아이들이 만든 플레이리스트 주소를 가정과 함께 공 유함으로써 학부모님도 직접 참여할 기회를 제공할 수 있어요.

:: 　추억의 학급 앨범으로 한 해를 정리할 수도 있어요

기억에 남는 일들을 모아 앨범을 만들어요
　한 해 동안 가장 기억에 남는 일들을 아이들이 직접 선택하고 사
진, 글, 그림 등으로 스크랩북에 기록해 보세요.

▌롤링페이퍼처럼 앨범을 돌려보며 마음을 전할 수도 있어요

　자신이 만든 앨범에 글로 마음을 전할 수 있는 공간을 마련하여
롤링페이퍼처럼 활용해 보세요. 오래 간직하고 싶은 나만의 추억
앨범이 될 수 있어요.

▌패들렛(타임라인 스타일 선택)으로
　우리 반 추억의 연표를 손쉽게 만들 수도 있어요

교학상장, 서로 배우며 성장하기

뛰어난 교수법보다 '서로 가르치기'가 더 효과적일 때가 많습니다. 친구에게 어떻게 설명하면 좋은지, 어떤 점에서 막히는지를 고민하는 과정에서 앎의 메타인지를 경험하게 되며 이를 통해 가르치는 아이도, 배우는 아이도 함께 성장하게 됩니다.

더불어 함께 앎을 성찰하는 기쁨, 그리고 함께 걸어가는 행복을 '교학상장, 서로 배우며 성장하기' 활동을 통해 느껴볼까요?

▌네 덕분에 힘이 나! 자신감을 높여주는 피드백

〈사례 1〉 태어날 때부터 왼손 사용이 더 익숙해 글씨도 왼손으로 쓰던 친구가 오른손으로 글씨 쓰기를 처음 시도한 날, "우와! 오른손으로 쓰기가 힘들었지? 정말 잘 써서 놀랐어!"라고 적힌 짝의 칭찬 쪽지는, 얼마나 큰 힘이 되었을까요?

〈사례 2〉 맞춤법과 글쓰기에 자신이 없는 친구가 용기 내어 자신의 글을 보여준 날, "틀린 글씨는 있지만 글이 길고 재미있었어."라고 적힌 짝의 칭찬 쪽지는 조마조마하던 마음에 얼마나 큰 응원이 되었을까요?

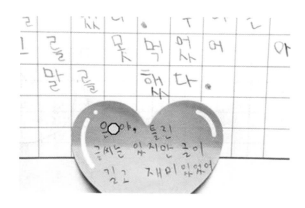

▌ 빨리 가려면 혼자 가고 멀리 가려면 함께 가라[3]

아이들 간의 피드백과 성찰은 아이들의 학습과 성장을 촉진하는 중요한 요소입니다. 다른 친구들의 결과물을 살펴보며 상호 피드백을 주고받는 과정에서 자신의 부족한 점과 강점을 발견할 수 있고 발전의 기회를 가질 수 있습니다.

친구들과 서로 피드백을 주고받으며 자신의 노력이나 성취를 인정받고, 한 뼘 더 성장할 기회도 가져봅시다.

. . . .

3   아프리카 속담

바쁘고 지치는 하루 속, 동료 교사들과 따뜻한 한마디로 서로를 응원해 보는 건 어떨까요?

〈힘이 되는 동료 교사의 응원 한마디〉

나와 나의 아이들, 그리고 소중한 나의 동료까지도 모두 조화롭게 살피며 함께 걸어갈 수 있을 때, 비로소 서툴렀던 나의 교단 일기가 한층 더 성숙하고 풍성한 이야기들로 채워지지 않을까요?

비밀은, 진심으로 들어주는 것

지난 시간 동안 동료 선생님들과 학급경영의 의미와 방향, 그리고 일반화를 위한 자료 제작까지 함께하면서 무엇보다 교사로서의 성장을 느낄 수 있었습니다. 학창 시절 친구들 앞에서 발표하는 것을 힘들어했는데 역설적이게도 많은 아이들 앞에서 끊임없이 이야기해야 하는 직업을 가지게 되었습니다.

좀 더 나은 교사가 되고자, 더 좋은 학급경영을 해보고자 각종 연수와 자료를 찾아보았으나 요즈음 유행하는 MBTI의 극 'I' 성향이어서 따라 하기 힘들고 어려운 것들이 많았습니다. 그래서 할 수 있는 작은 것부터 하나씩 꾸준히 실천해 보고자 마음먹었습니다.

처음에는 교사와 아이들과의 관계를 긍정적으로 맺는 것에서부터 시작하였습니다. 아이들의 특성을 이해하고 공감하는 마음을 가짐으로써 서로에게 더 가까워지고 따뜻한 교실 분위기를 만들 수 있었습니다. 그리고 아이들 사이의 관계와 협력을 위한 노력도 게을리하지 않았습니다. 아이들이 서로 바람직한 관계를 맺으며 협력하는 분위기를 형성하는 것이 학급경영의 핵심이라 믿고, 서로를 더 이해하고 사랑할 수 있는 공동체 놀이와 감정 표현 활동들을 꾸준히 실천했습니다. 이런 소소하지만 꾸준한 노력은 자신만의 색깔이 있는 학급을 운영하는 토대가 되었습니다.

특히 다문화 아이 비율이 절반이 넘는 학급을 운영하면서 의사소통에 대한 고민이 컸습니다. 손짓, 발짓으로 자기 의사를 표현하며 답답해하던 다문화 아이들이 매일 아침 한국 친구들이 감정 일기를 쓰는 것을 보면서, 자신들도 자기 생각과 감정을 표현하고 싶어 했습니다. 자발적으로 감정 카드를 뒤적이며 감정 일기를 써보려 노력했고 자신의 서툰 표현을 한국 친구들과 선생님이 알아들었을 때는 뛸 듯이 기뻐하였습니다. '맞게 쓴 걸까?' 반신반의하던 아이의 눈빛이 성취감과 환희로 가득 차오르던 모습을 잊을 수 없습니다.

성공적인 학급경영의 비밀은 교사가 준비하는 특별한 활동에 있는 것이 아니라 아이들의 말을 진심으로 들어주는 것에 있음을 알게 되었습니다. 이런 경험을 통해 나의 학급경영에 용기와 확신을 두게 되었고 나만의 학급경영 철학과 방향을 세울 수 있었습니다. 앞으로도 더 나은 교육을 위해 아이들과 꾸준히 노력하며 함께 성장해 나가겠다고 다짐해 봅니다.

끝으로 이 책을 통해 저처럼 부끄러움이 많고 소심한 교사들도 자신만의 색깔로 학급을 물들이는 소중한 경험을 할 수 있게 되길 바랍니다. 감사합니다.

행복을 전하는 즐거운 우리 반

학교에 첫발을 내디딜 때는 학급경영이 무엇인지, 어떻게 접근해야 하는지, 어떤 방법을 사용할 수 있는지 잘 알지 못했습니다. 그저 '아이들과 재미있게 시간 보내고, 수업 때 가르칠 내용 잘 가르치면 되겠지?'라고 생각하며 하루하루 시간을 보냈던 기억이 납니다. 그러다 보니 시행착오도 많았고 아이들에게 잘 해주지 못한 기억도 나서 그때를 생각하면 이 글을 쓰는 지금도 미안한 마음이 많이 듭니다.

이런 어려움을 타개하기 위해 학급경영에 관한 책을 보기 시작했습니다. 3월에는 해야 할 일은 무엇이고, 4월에는 어떤 활동을 해야 하는지 등에 대해 알아보며 아등바등했던 과정을 거쳐왔습니다. 그때를 되돌아보면 "교실에서 여러 가지 활동을 해서 좋아요."라고 말하는 아이들이 있지만 "할 일이 너무 많아 힘들어요."라고 말하는 아이들도 있었습니다.

위의 반응을 보이는 아이들을 보면 기분이 좋았고 뿌듯했습니다. 하지만 아래의 반응을 보이는 아이들을 보면 사실 조금 기분이 좋지 않으면서도 '내가 활동 설계를 잘못했을까?', 아니면 '활동이 아이들에게 재미없게 다가갔을까?'라고 생각하며 나름의 반성 과정을 거쳐왔습니다.

새로운 학교로 이동하고 나서 3학년 아이들을 다시 만나고 나서 '이번 아이들은 내가 가지고 있는 학급 활동들을 시행하면 분명히 좋아할 것이고, 교육적으로 효과가 있을 거야.'라고 생각하고 기존에 해왔던 학급 활동들을 3학년에 맞게 수정해서 실시해 봤습니다.

아이들이 즐겁게 학교생활을 하는 것 같아 좋았지만 무언가 학생들의 내면에서 목마름이 느껴졌습니다.

'이 시대를 살아가는 아이들에게 진정으로 필요한 것은 무엇일까?'
'아이들이 학급살이에서 진정으로 원하는 것은 무엇일까?'

이 두 질문에 대한 해답을 찾기 위해 학급경영에 관한 책이나 연수를 다시 듣기 시작했습니다. 학급경영을 위해 제시된 철학적인 방법뿐만 아니라 활동 방법적인 측면도 다시 살펴보고 점검해 보았습니다. 그 결과 저에게는 학급을 경영하기 위한 철학이 제대로 정립되지 않았다는 사실을 알게 되었습니다. 이 철학을 정립한다면 위의 두 질문에 대한 해답을 찾을 수 있다고 믿었습니다.

그래서 저는 아이들에게 '행복'이라는 가치가 아이들에게 필요하다고 생각하고 학급을 경영하기 시작했습니다. 요즘의 아이들은 웃고 있어도 무언가 내면의 만족감이나 행복감이 부족해 보였기 때문입니다.

이를 위해 3월 처음 교실에서 아이들과 만나면 가장 먼저 우리 반을 상징하는 문장(슬로건)을 만들기 시작했습니다. 슬로건을 정하면서 기억나는 일화가 있습니다.

우리 반 슬로건을 정하는 활동을 하며 '행복을 전하는 우리 반'이라는 문장을 완성했는데 한 아이가 "얘들아, '행복을 전하는 즐거운 우리 반'으로 바꿔야 해."라고 아주 강력하게 주장을 했습니다. 대부분 아이들이 반대했지만 결국 그 아이의 말대로 슬로건이 바뀌었습니다. 그 결과 어떻게 되었을까요?

당장 눈에 띄는 변화는 없었습니다. 그러나, 행복과 즐거움은 학급살이의 방향을 결정하는 중요한 기준이 되었습니다. 학급경영을 위한 여러 가지 활동이나 아이들을 대하는 저의 태도에도 영향을 주었습니다. 사실 아이들을 단호하게 대할 때가 많았고 이에 대해 후회도 많이 했습니다. 행복이라는 가치를 마음에 새기고 나서는 스스로 반성하며 고치려고 노력하고 있습니다.

동화 〈파랑새〉의 주인공처럼 우리 모두 행복을 찾고 있습니다. 교사는 학생들에게 행복이 멀리 있지 않음을, 우리가 살아가는 교실 속에도 존재함을 알려주는 사람이라고 생각합니다. 앞으로 '행복을 전하는 즐거운 우리 반'을 만들기 위해 더욱 노력할 것입니다.

행복한 학급경영의
디딤 발

　초등학교에서 아이들이 공부하려고 하는 마음은 대부분 담임 교사를 좋아하는 마음과 연결됩니다. 교사가 제시하는 자료를 누구보다 더 열심히 이해하려고 노력하는 모습을 인정받게 되면 다음 시간부터 그 수업에 더 큰 열정을 보이게 됩니다.

　아이들을 나의 품으로 끌어들이고 받아들이는 데 필요한 것이 교육철학입니다. 교육철학은 교육목표라고 바꿔서 말할 수도 있겠습니다.

　어떤 아이들을 만나든 올바른 방향으로 성장시키기 위해 이렇게 자랐으면 하는 목표를 선생님들의 마음에 심을 때 학급에서 부적응하는 아이들도 충분히 잘 적응하는 아이로 바뀌어 보이게 됩니다.

　발령받고 난 후 선배 교사들께 많이 들었던 말이 있습니다. "수업 준비를 한답시고 자료 만드는 데 힘을 많이 쓸수록 아이들에게 실망만 커지니 적당히 준비해요."라는 말이었습니다.

초임 시절 때 아이들이 수업을 재미있게 느끼도록 하려고 남들이 하지 않은 프로그램이나 게임형식의 수업을 설계하며 밤새 카드를 만들고 찍찍이를 붙였습니다. 제시간에 충분히 할 수 있으리라 생각했는데 준비한 자료를 반도 못 쓰고 수업이 끝나기 일쑤였습니다.

우리 반 아이들에게 어떤 수업을 하는 교사가 될지를 고민하기 이전에 우리 반 아이들 모두 행복함을 느끼는 반이 되기 위해서 아이들에게 어떤 교사가 되어야 할지를 먼저 고민해 보면 좋겠습니다. 그 고민에 대한 해답이 나올 때 선생님의 학급경영이 탄생하는 순간입니다.

어떤 아이를 만나든 존재한다는 것을 귀하게 여기는 마음만 있다면 이미 학급경영의 반은 성공한 것입니다.

요즘 아이들에게 주어지는 매일 매일의 과업은 어른인 우리가 봐도 벅차 보일 때가 많습니다. 맞벌이 가정에서 아이 돌봄을 위해 저녁까지 학원으로 돌리기도 하고 아이가 더 나은 대학에 갈 수 있도록 남들보다 한발 앞선 배움을 시키기도 합니다. 가정형편이 좋지 않아 방임적인 모습으로 양육하는 가정에서도 늦은 저녁 시간까지 돌봄 기관에서 학습하고 있습니다.

각자 다른 학교에 근무하지만 아이들이 살아가는 모습에서 안타까움을 느끼게 되었고 수업 속에서라도 웃음을 찾게 해주고 싶었습니다. 이런 목표로 일곱 명의 교사가 만나 행복수업에 관해 연구하게 되었습니다. 연구하면 할수록 수업이 행복해지려면 교실이 행복해야 하고 교실이 행복해지려면 서로 인정해 주는 소속감이 뿌리내려야 하고 그 소속감은 모든 아이가 자신을 사랑하는 마음을 가지는 자존감이 살아 있어야 뿌리내릴 수 있다는 것을 인정하게 됩니다.

공든 탑은 무너지지 않습니다. 관계에 공을 들일 때 선생님들이 이제껏 풀리지 않았던 실타래가 술술 풀어지는 것을 알게 될 것이라고 믿으며 이 책을 마무리합니다.

참고 문헌

- 정유진, 《지니샘의 행복교실 만들기》, 에듀니티(2014)
- 제인 넬슨, 린 로트, 스티븐 글렌, 《학급긍정훈육법》, 에듀니티(2014)
- 테레사 라살라, 조디 맥비티, 수잔 스미사, 《학급긍정훈육법 활동편》, 에듀니티(2015)
- 제인 넬슨, 린 로트, 스티븐 글렌, 《학급긍정훈육법 문제 해결편》, 에듀니티(2016)
- 경기교육연구소, 《교사생활 월령기》, 에듀니티(2017)
- 김성효, 《선생님, 걱정 말아요(초등교사를 위한 성효샘의 따뜻한 고민처방전)》, 해냄(2017)
- 이영근, 《초등자치 어린이들이 만들어가는 학교 민주주의》, 에듀니티(2018)
- 허승환, 나승빈, 《승승장구 학급경영》, 아이스크림(2018)
- 김성효 외 9명, 《교실을 엿보다:선생님의 열두 달》, 성안당(2019)
- 한희정, 《초등학교 1학년 열두 달 이야기》, 이후(2019)
- 네이션 메이너드, 브래드 와인스타인, 《오늘부터 시작하는 회복적 생활교육》, 우리학교(2020)
- 이경원, 《학급의 탄생》, 행복한미래(2020)
- 이유진, 《초등학급경영의 실전》, 지식과감성(2020)
- 김선민 외 9명, 《옆 반 선생님의 온·오프라인 학급 살이 엿보기》, 책장속북스(2021)
- 이진영, 《열두 달 학급경영과 교사의 마음 돌보기》, 테크빌교육(2021)
- 김미경, 《선생님을 위한 비폭력 대화》, 우리학교(2022)
- 수업친구 더불어숲, 《그림책으로 시작하는 학급경영》, 학교도서관저널(2022)
- 정문성, 《토의·토론 수업방법 99》, 교육과학사(2022)
- 정호중, 《흔들리지 않는 학급운영의 비밀》, 박영스토리(2022)
- 하유정, 《초등 공부 습관 바이블》, 한빛라이프(2022)
- 한윤정, 《그림책 학급경영》, 지식프레임(2023)
- 윤지영, 《초등 자율의 힘》, ㈜아이스크림미디어(2021)
- 토머스 W. 펠런, 세라 제인 쇼너, 《행복한 교실을 위한 1-2-3매직》, 에듀니티(2016)

학급경영 관계로 풀어가다

초판 1쇄 발행   2024. 2. 15.

지은이   이규배, 김은진, 김민경, 김명지, 임다은, 박민영, 황원규
펴낸이   김병호
펴낸곳   주식회사 바른북스

편집진행   황금주
디자인   한채린

등록   2019년 4월 3일 제2019-000040호
주소   서울시 성동구 연무장5길 9-16, 301호 (성수동2가, 블루스톤타워)
대표전화   070-7857-9719 | **경영지원**   02-3409-9719 | **팩스**   070-7610-9820

•바른북스는 여러분의 다양한 아이디어와 원고 투고를 설레는 마음으로 기다리고 있습니다.

이메일   barunbooks21@naver.com | **원고투고**   barunbooks21@naver.com
홈페이지   www.barunbooks.com | **공식 블로그**   blog.naver.com/barunbooks7
공식 포스트   post.naver.com/barunbooks7 | **페이스북**   facebook.com/barunbooks7

ⓒ 이규배, 김은진, 김민경, 김명지, 임다은, 박민영, 황원규, 2024
ISBN 979-11-93647-72-1 03370

•파본이나 잘못된 책은 구입하신 곳에서 교환해드립니다.
•이 책은 저작권법에 따라 보호를 받는 저작물이므로 무단전재 및 복제를 금지하며,
이 책 내용의 전부 및 일부를 이용하려면 반드시 저작권자와 도서출판 바른북스의 서면동의를 받아야 합니다.